편견을 깨뜨린 중국 여황제
측천무후

편견을 깨트린 중국 여황제 측천무후

2009년 12월 16일 초판 1쇄 발행
2017년 10월 20일 초판 4쇄 발행

글 김은희 / 그림 김은경 · Top Space
펴낸이 이철규/ 펴낸곳 북스
편집 김순선/ 편집디자인 박근영 / 마케팅 이종한

편집부 02-336-7634 / 영업부 02-336-7613 / FAX 02-336-7614
홈페이지 http://www.vooxs.kr / 등록번호 제 313-2004-00245호 / 등록일자 2004년 10월 18일

주소 서울특별시 광진구 동일로 4길 32 2층
값 9,800원
ISBN 978-89-91433-92-2 74800
    978-89-91433-70-0 (세트)

잘못된 서적은 구입하신 서점에서 교환하여 드립니다.
이 책은 저작권법에 의해 보호를 받는 저작물이므로 불법 복제와
스캔 등 무단 전재 및 유포 · 공유를 금합니다.

편견을 깨뜨린 중국 여황제
측천무후

글 김은희 그림 김은경 · Top space

vooks북스
BOOK IN YOUR LIFE

머리말

중국 역사 속 유일한 여황제, 측천무후

 넓은 중국 대륙을 지배한 단 한 명의 여인, 바로 당나라의 무측천이 이 책의 주인공입니다.

 유교의 본고장인 중국에서 왕족도, 귀족도 아닌 가난한 나무꾼의 딸로 태어나 스스로 머리 위에 면류관을 쓴 여인 무미랑! 그 불가능을 가능하게 만들었기 때문에 더욱 역사에 길이 남는 무측천은 진정 여장부라는 표현이 어울리는 여인일 것입니다.

 하지만 무측천이라는 표현은 썩 귀에 익지 않지요. 무미랑은 우리에게 측천무후로 더 많이 알려져 있습니다. 그것은 그녀가 죽기 전 스스로 황제의 자리에서 물러나 아들에게 왕위를 물려준 후 자신을 황후로 낮춰 불렀기 때문이랍니다. 후세 사람들 역시 그 뜻을 존중해 그녀를 칭할 때 무측천이라는 표현 대신 측천무후라고 부르고 있습니다.

그렇듯 위대한 여황제인 측천무후의 어린 시절을 만나게 된다면 어떨까요? 이 책에서 처음 시간여행을 떠나는 지아와 한별이 어쩌면 그 해답을 알려 줄지도 모르겠네요.

 어린 시절의 아픔 때문에 마음을 닫은 지아와 강하고 밝은 한별이 만나게 될 무미랑은 과연 어떤 친구인지, 그리고 그녀를 만난 지아와 한별은 무엇을 찾게 될지 전 벌써부터 궁금해졌답니다.

 여러분도 지아와 한별을 따라 화려하면서도 시끌벅적한 당나라로 떠날 준비가 됐나요?

호기심 넘치는 동화작가 김은희

차례

머리말_ 중국 역사 속 유일한 여황제, 측천무후　6

1장_ 별천지 당나라로 떨어진 아이들　10

2장_ 너무나도 용감한 무미랑　26

3장_ 황제 앞에서 더욱 작아지는 태자　53

4장_ 음모에 휩쓸리다　78

5장_ 괴짜 현장법사를 만나다　105

6장_ 비를 부르는 현장법사　131

7장_ 본심을 드러낸 장손가　167

8장_ 다시 거울 속으로!　185

부록_ 거대한 대륙에 우뚝 선 여인, 측천무후　200

1장_ 별천지 당나라로 떨어진 아이들

"우와! 뒤로 보이는 게 네 방이야? 끝내준다. 너, 무슨 공주님이야? 그 머리핀 너무 예쁘다! 잠옷 진짜 비단이니? 아차, 난 미랑이라고 해. 무미랑. 넌 이름이 뭐야? 이공주? 공공주? 호호호, 공공주는 좀 이상하다. 그치?"

지아는 휘둥그레진 눈으로 거울 속에서 자신을 빤히 쳐다보는 소녀를 바라보았다. 평소라면 질색을 했겠지만 너무나도 놀란 나머지 소녀의 수다를 막을 생각도 하지 못했다.

'거울이 아니라 위성통신일지도 몰라.'

간신히 그럴듯한 생각을 해낸 지아는 거울의 앞과 뒤를 샅샅이 살펴보았다. 하지만 어디에도 전원코드나 안테나는 보이지 않았다.

"뭐 떨어뜨렸어? 말 좀 해 줘. 궁금하다구! 알려 줘!"

그러는 가운데서도 미랑이라고 자신을 소개한 소녀는 끊임없이 말을 걸어왔다. 여차하면 거울 밖으로 고개까지 쑥 내밀 태세였다.

"상식적으로 이건 도저히 말이 안 되는 상황이야."

지아는 미랑을 한참이나 물끄러미 바라보다가 단호히 고개를 흔들었다. 그리고는 몸을 돌려 레이스 커튼이 매달린 커다란 창가로 다가갔다.

투두둑!

"어? 뭐야? 어어~! 치워. 안 보이잖아."

지아는 뜯어낸 커튼으로 거울을 완전히 덮어씌웠다. 거울 속의 미랑은 답답하다고 소리를 꽥꽥 질러댔다.

하지만 지아의 얼굴은 어느새 다시 무표정하게 변해 있었다.

"네가 누군지, 이 거울이 뭔지 관심도 없어. 내일 아침 반송시킬 때까지만 조용히 있어. 한 마디만 더 떠들면 아예 깨뜨려 버릴 테니까."

"윽!"

지아의 심각한 말투에 거울 속 미랑은 다급히 입을 막았는지 짧은 신음소리를 냈다. 방 안은 다시 예전처럼 조용해졌다.

지아는 거울에서 고개를 돌려 버렸다. 부모님과 할머니를 죽게 만든 자신에게 생일 따위는 아무 의미가 없었다. 더구나 자신을 미워하는 할아버지로부터의 선물은 더더욱 사양이었다.

'어차피 생일 선물 따위는 받고 싶지도 않았으니까.'

"지아야, 자냐? 안 자면 이것 좀 봐줘. 새로운 유니폼인데 완전 멋지지 않냐?"

바로 그때 커다란 노크소리와 함께 방문이 벌컥 열렸다. 돌아볼 필요도 없이 한별이었다. 이 집에서 자신의 방을 이렇게 함부로 드나드는 사람은 그 하나밖에는 없었으니까.

"당장 나가!"

"꺄아악! 도와줘! 살려 줘!"

지아와 거울 속의 소녀가 거의 동시에 커다란 목소리로 외쳤다.

"어? 너 말고 누가 또 있어?"

"상관하지 말고 나가."

"여기야, 여기! 거울 속이라고!"

역시 목소리는 두 개였다. 지아의 성난 눈초리에도 한별은 낯선 소녀의 절박한 목소리에 고개를 갸웃거리며 방 안으로 들어왔다.

"지아야, 내가 생각해도 좀 이상하긴 하지만 어째 이 목소리, 저 거울 안에서 나는 것 같다? 잠깐 옆으로 비켜 볼래?"

지아는 한 발짝 옆으로 옮겨 거울과 한별 사이를 가로막았다.

"그냥 가라고 했지? 너와 너희 아버지 둘 다······."

지아가 막 뾰족한 음성으로 한별에게 쏘아붙이려는 순간, 한별이 양손을 번쩍 들어올렸다.

"오케이! 거기까지. 시키는 대로 하지 않으면 당장 나랑 우리 아버지를 이 집에서 내쫓겠다는 거지? 알았어, 알았다고. 나가면 되잖아."

마치 항복이라도 하듯 두 손을 올린 한별은 핑글 돌아섰다. 그리고 방문 쪽으로 한 발짝 걸어갔다.

하지만 힐끗 곁눈질로 지아의 눈치를 살핀 한별은 번개같이 다시 돌아섰다. 그리고는 깜짝 놀라는 지아의 뒤로 손을 쑥 내뻗었다.

"앗싸! 속았지롱? 일명 페이크 작전 성공… 으악!"

간신히 잡은 커튼 자락의 끄트머리를 힘껏 잡아당기며 히죽 웃던 한별이 한 순간 벼락이라도 맞은 듯 그대로 굳어 버렸다. 커튼이 치워지자 동그란 눈으로 자신과 지아를 향해 생글생글 웃고 있는 미랑을 발견했기 때문이었다.

"휴우~ 다행이다. 앞이 안 보여서 얼마나 답답했다고. 고마워. 난 무미랑이야. 넌 이름이 뭐야? 쟤는 통 이야기를 안 해 주네."

"나? 난 강한별. 얜 한지아……."

한별은 얼떨결에 대답했다. 그리고 동그래진 눈으로 지아의 옆구리를 찔렀다.

"지아야, 쟤 뭐냐? 어디서 툭 튀어나온 거야?"

"나도 몰라. 내가 하지 말라고 했지? 도로 덮어."

지아는 잔뜩 화가 난 얼굴로 쏘아붙였다. 그러나 한별의 시선은 이미 미랑에게로 향했다.

"너 진짜 거울 속에 사는 거야? 신기하다."

"호호! 난 너희들이 더 신기해. 그 옷은 뭐야? 이상해."

"하하! 이게 바로 축구부 주장님의 유니폼이지. 멋지지 않냐?"

한별과 미랑이 수다를 떨어대자 지아의 얼굴은 잔뜩 일그러졌다. 자꾸만 자신의 일상을 뒤흔드는 한별은 말할 것도 없고, 느닷없이 나타나 자신을 놀라게 한 미랑의 수다도 도저히 참을 수가 없었다.

꽉 다문 입술로 성큼성큼 방을 가로지른 지아는 책상 위에 놓여 있던 묵직한 크리스털 조각상을 집어 들었다. 수많은 면으로 깎아 조금의 빛만 있어도 마치 스스로 빛을 발하듯 영롱하게 반짝이는 이 조각상은 이름난 스위스의 조각가가 직접 깎은 것으로 누군가로부터 생일 선물로 받은 것이었다. 하지만 마음을 꽁꽁 닫아 버린 지아에게는 아무 의미도 없는 물건이었다.

"더 이상 못 참아."

"어어~ 자, 잠깐 지아야!"

"으악! 안 돼!"

지아가 심상치 않은 눈빛으로 크리스털을 움켜잡자 한별과 미랑은 놀라 비명을 질렀다. 하지만 어느새 거울 앞에 도착한 지아는 허공으로 크리스털을 번쩍 치켜들었다. 그리고는 조금의 망설임도 없이 거울을 향해 힘껏 내리쳤다.

"꺄악!"

콰앙!

순간 미랑의 비명소리와 함께 엄청난 뇌성과 천지를 가득 메울 정도의 밝은 빛이 거울로부터 내뿜어져 나왔다. 동시에 크리스털로 거울을 내려친 지아의 한 손이 거울 속으로 쑤욱 빨려 들어갔다. 깨졌어야 할 거울의 표면은 신기하게도 투명하고 끈끈한 액체처럼 변해 있었다. 거울 속에 빠진 지아의 팔을 중심으로 거울 표면에 둥근 파문이 일었다.

"뭐, 뭐야!"

깜짝 놀란 지아가 황급히 팔을 빼려 했지만 거울은 마치 늪이라도 된 양 지아의 팔을 단단히 옭아매고 있었다. 그뿐 아니라 지아가 힘을 주면 줄수록 오히려 지아를 강하게 끌어당기기까지 했다. 지아는 점점 더 빠른 속도로 거울 속으로 빠져들었다.

"놔! 놓으라고!"

눈부신 빛이 터지는 순간 두 눈을 질끈 감았던 한별은 지아의 다급한

목소리에 간신히 실눈을 떴다. 그러자 거울 속으로 서서히 빠져들어 가는 지아가 보였다.

"지아야!"

생각할 사이도 없이 한별은 거울 밖으로 간신히 나와 있는 지아의 남은 한 팔을 꽉 움켜잡았다. 동시에 한별 역시 지아와 함께 거울 속으로 빠져들었다.

"으아아아아아!!!"

전신을 짓누르는 숨 막힐 듯한 압력과 번지점프라도 하듯 아찔한 현기증에 지아와 한별의 입에서는 비명이 터져 나왔다.

쿠웅!
"꺄악!"

엉덩이부터 바닥으로 부딪힌 지아는 짤막한 비명을 질렀다. 하지만 신기하게도 그다지 아프지 않았다. 대신 신음소리는 그녀의 아래에서 흘러나오고 있었다.

"으윽~. 지아야, 내려 와……."

다 죽어가는 한별의 목소리에 지아는 힐끗 아래를 내려다보았다. 무척이나 아픈 표정의 한별이 자신의 엉덩이 아래 납작하게 깔려 있었다. 그리고 그런 둘의 앞에는 커다란 눈을 토끼처럼 동그랗게 뜬 미랑이 서 있었다.

"와아아~ 너희 둘, 지금 거울에서 튀어나온 거 알아? 무슨 별똥별을 타고 온 것 같아. 완전 신기해!"

지아는 요란하게 소리를 질러대는 미랑을 무시하고 자신이 서 있는

공간을 둘러보았다.

둥근 형태의 전각 안이었다. 족히 3층은 되어 보이는 높이였지만 층을 구분하지 않고 천정까지 그대로 뚫려 있어 더욱 높아 보였다. 그리고 특이하게도 창문이 하나도 없었다. 그 대신 전각의 벽을 따라 열두 개의 붉은 기둥이 빙 둘러서 있었고 그 사이사이 창문이 있을 자리에는 높다란 책장이 서 있었다. 책장에는 중국의 고대 국가에서나 사용했을 법한, 종이 대신 대나무에 글씨를 서서 둘둘 말아 놓은 죽간(竹簡)들이 수만 개가 빽빽이 꽂혀 있었다.

그 둥근 공간 한가운데 자신과 한별, 그리고 미랑이라는 시끄러운 소녀가 서 있는 대리석 제단이 있었다. 제단은 사방 5미터 정도의 네모난 모양이었는데, 네 귀퉁이에는 가느다란 연기가 피어오르는 향불이 꽂힌 향로가 세워져 있고 그 한가운데 자신들을 데려온 커다란 전신거울이 마치 무슨 고대 신이라도 된 양 우뚝 서 있었다. 다시 살펴본 거울은 평범한 척 세 사람을 비추며 시치미를 뚝 떼고 있었다.

곁을 힐끔 돌아보니 한별은 아직도 넋이 나간 듯 정신없이 주변을 살피고 있었다.

지아는 이 기이한 상황에 놀라기보다 짜증이 났다.

"여긴 도대체 어디지?"

지아의 고저장단 없는 메마른 목소리에 미랑은 잠시 고개를 갸웃거리다가 이내 환하게 웃었다.

"아, 맞다. 너희는 여기 아이들이 아니지. 여긴 당의 수도 장안이야. 그중에서도 태종황제께서 머무시는 황궁이지."

"황궁? 장안? 태종? 이게 다 무슨 소리냐, 지아야? 똑똑한 넌 분명 이해했을 거야. 그치? 돌아갈 방법은 있는 거지? 제발 그렇다고 해 줘! 내일 축구 결승전이 있단 말이야! 난 주장이라고!"

한별은 머리를 쥐어뜯으며 절규했다.

"좋아. 여기가 당의 황궁이라고 해. 그럼 이 수상한 장소는 뭐지? 황궁이라면서 다른 사람들은 왜 하나도 없는 거지?"

지아는 한별보다 조금 더 냉정했다. 거울을 통해 어디론가 날아온 자체가 이미 비현실적인 일, 한시라도 상황을 정확히 파악해야 했다. 그래야 집으로 돌아갈 방법을 찾을 수 있기 때문이었다.

"아, 여기? 여긴 황궁 안에서도 무척 비밀스러운 곳이야. 도사님들이 황제의 불로불사(不老不死)를 기원하면서 신령스러운 약을 만드는 곳이야. 나도 자세한 건 잘 모르지만……."

여기까지 말한 미랑은 큰 비밀이라도 털어놓듯 지아의 귓가에 작게 속삭였다.

"나도 꽤 중요한 역할을 한대. 그래서 친구들에게도 아무 말도 못하고 왔어. 몸을 정갈히 해야 한다며 어제부터 쓰디 쓴 물만 먹었다니까."

미랑의 말을 듣는 지아의 머릿속에 단어 하나가 떠올랐다.

'제물. 이 아이는 태종의 불로불사에 바쳐질 제물이구나.'

끼이익!

바로 그때 책장 사이에 있던 조그마한 쪽문이 열리며 하얀 수염을 길게 기른 노인이 방 안으로 들어섰다. 피처럼 붉은 가사(袈裟)를 걸친 그의 손에는 비정상적으로 커다란 솥단지가 들려 있었다.

노인은 미랑과 함께 있는 지아와 한별을 발견하고는 깜짝 놀란 듯 눈을 동그랗게 떴다.

"너희들은 누구냐? 어떻게……."

"도사님, 애들은 제 친구들이에요."

미랑의 말에 잠시 놀란 빛을 띠던 노인이 이내 만족스러운 미소로 고개를 끄덕이며 중얼거렸다.

"좋아, 좋아. 어찌된 일인지는 모르지만 잘 됐어. 그렇지 않아도 사람 수가 모자라 궁녀를 더 데려오려던 참이었으니까."

"그런데 그 솥은 뭐에 쓰시는 거예요? 엄청 크네요?"

제단 위에 서 있는 미랑은 눈을 동그랗게 뜨고 물었다.

답은 노인이 아니라 지아의 입에서 흘러나왔다.

"네가 들어가야 하니까."

"응?"

"황제의 약을 만드는 재료가 바로 너라고. 저 노인 널 죽일 거야."

"에이, 말도 안 돼."

"에? 뭐? 에엑!"

지아의 말에 미랑은 피식 웃었고, 한별도 영문을 모르겠다는 듯 눈을 껌뻑였다.

하지만 노인의 눈빛은 지아의 말을 긍정하듯 스산하게 번뜩였다.

"흐흐흐. 눈치가 빠른 아이구나. 어린 아이들의 순수하고 깨끗한 피야말로 불로불사의 정수! 너희들은 황제를 위해 죽어 주어야……. 크억!"

순간 노인의 얼굴로 묵직한 물건이 날아들었다. 바로 지아의 크리스털 조각상이었다. 거울에서 빠져나오면서 바닥에 떨어진 것을 한별이 던진 것이다. 노인은 코피를 뿌리며 뒤로 벌렁 넘어졌다.

"나 참! 노인한테 미안하기는 한데 말이 되는 소리를 하셔야지."

"이 녀석! 감히 날 방해하려 하다니 가만두지 않겠다."

한별의 코웃음에 간신히 몸을 일으킨 노인은 옷깃으로 코피를 닦아내며 소매 속으로 손을 집어넣었다. 다시 꺼낸 그의 손에는 커다란 방울이 들려 있었다. 노인은 한별과 미랑, 지아를 바라보며 악당처럼 씩 웃었다.

"크크크! 까불어도 소용없다. 얌전히 뻗어라."

노인은 방울을 요란하게 흔들며 낮은 목소리로 이상한 주문을 중얼거렸다.

"소용없다니까요. 그까짓 방울소리로는 고양이 한 마리 쫓을 수 없……. 어라? 내가 왜 이러지?"

노인을 한껏 비웃던 한별은 갑자기 눈앞이 핑 도는 현기증을 느끼며 휘청거렸다. 미랑과 지아 역시 어지럽긴 마찬가지였다.

갑자기 찾아든 어지러움에 당황하던 지아의 시선이 제단 네 귀퉁이에 놓인 향로에 멈추었다. 각각의 향로에는 굵은 향 몇 개가 가느다란 연기를 피워내고 있었다.

"한별, 저 향이……."

지아의 짧은 말을 한별은 바로 알아들었다. 그는 입술을 질끈 깨물어 어지러움을 쫓아내고는 재빨리 네 개의 향로에 꽂혀 있던 향들을 뽑아 바닥에 내던졌다. 그리고는 발로 자근자근 밟아 완전히 꺼 버렸다.

"흐흐흐! 정답이다. 향에는 정신을 혼미하게 하는 미혼향이 섞여 있지. 하지만 이미 늦었어. 너희들은 이미…… 꺼억!"

빠악!

그 순간 정신없이 방울을 흔들던 노인의 이마로 이번에는 묵직한 청동향로가 날아들었다. 한별의 분노가 담긴 킥이었다. 노인은 비명도

지르지 못한 채 개구리처럼 바닥에 철퍽 쓰러졌다.

"이 영감님이 진짜! 얼른 이 이상한 방에서 나가자."

한별은 미랑과 지아의 팔을 부축한 채 제단에서 내려왔다. 그리고는 노인이 들어온 문을 향해 걸어갔다.

"안 된다. 너희는 황제의 단약이……. 끄윽!"

"윽, 나의 실수. 미안해요."

마지막까지 헛소리를 해대는 노인의 허리를 꾹 밟아 주는 한별이었다.

"으악! 미치겠네!"

문 밖은 외부가 아니라 기다란 복도였다. 조금 전의 공간은 따로 떨어진 전각이 아니라 어떤 건물의 일부분인 모양이었다. 나오자 현기증은 사라졌다. 아마도 밀폐된 공간을 벗어나 신선한 공기를 마신 덕분인 듯했다.

하지만 상황은 조금도 나아지지 않았다. 문을 나서자마자 조금 전 만났던 괴상한 노인처럼 붉은 가사를 두른 도사들 수십 명이 세 사람을 뒤쫓기 시작했기 때문이었다.

"저들이다! 잡아라!"

"황제께서 돌아오시기 전에 약을 완성해야 한다! 잡아!"

달도 뜨지 않은 캄캄한 복도를 지아와 미랑의 손을 꼭 잡고 달리던 한별은 괴성을 질러댔다.

"으악! 이 많은 인간들은 도대체 어디서 쏟아져 나온 거야? 게다가 이 복도는 왜 이리 넓어! 도대체 끝이 어디야?"

셋은 미친 듯 달렸다. 위로 오르고 아래로 내달려 이제는 어디가 어딘지도 모를 지경이었다.

가장 먼저 지친 것은 지아였다. 몇 년 동안 바깥활동이라고는 해 본 적이 없는 지아였다. 달리는 건 고사하고 이렇게 오랫동안 걸어 본 적도 없었다. 복잡한 복도의 모퉁이를 돌자마자 벽을 짚고 가쁜 숨을 내쉬며 손을 내저었다.

"하아~. 더 이상은 못 뛰겠어."

막 지아의 손이 벽을 짚는 순간, 미세한 기계음이 들렸다. 그리고 보니 손끝에 걸리는 감촉이 마치 무슨 스위치를 누른 것 같았다.

"어어~?"

동시에 한별의 눈이 동그래지며 나무 바닥을 내려다보았다. 작은 진동이 느껴진 것이다.

"이거 뭔가……. 으악!"

"꺄악!"

"꺄아아악!"

한별이 뭔가 말하기도 전에 복도의 마룻바닥이 푹 꺼져 들어갔다. 비명소리와 함께 세 사람은 새까만 공간으로 추락하기 시작했다.

우당탕탕!

"아야야야. 아파."

"끄응. 무거워."

새까만 어둠 속에서 끙끙거리는 신음소리가 새어 나왔다. 바로 지아와 한별, 그리고 미랑의 목소리였다.

마룻바닥 아래 공간은 지하로 내려가는 계단으로 이어져 있었고 세

사람은 그 계단이 끝나는 곳에 엎어져 있었다.
 눈이 어둠에 익숙해지자 세 사람은 서로 뒤엉킨 팔다리를 겨우 풀어 내고 일어설 수 있었다.
 "도사님들 없지? 그치? 와! 살았다. 우리 되게 운이 좋은가 봐."
 미랑은 벌떡 일어나자마자 아무것도 보이지 않는 공간을 두리번거리다가 환호성을 올렸다. 계단 위 마룻바닥은 어느새 원상태로 닫혀 있었다. 아마도 오래 전 누군가 설치한 비밀통로로 빠진 모양이었다.
 "방금까지 변태들한테 쫓겨 다녔으면서 운이 좋긴 뭐가 좋아. 게다가 여긴 또 어디야? 미로에 함정까지, 궁전이 뭐이래?"
 미랑의 말에 한별은 툴툴거리며 지아를 일으켜 세웠다.
 "아무튼 저쪽으로 다시 올라가면 도사들한테 잡히니까 이쪽으로 가 보자. 운이 좋으면 바깥으로 나갈 수 있을 거야."
 미랑은 한별의 핀잔에 어깨를 으쓱이며 어둠 속을 더듬었다. 예상대로 계단 앞 공간은 긴 복도였다.
 "운이 좋으면? 아니면 이 속에서 미라라도 될 참이냐? 나 참, 대책 없이 속 편한 녀석이군."
 한별은 미랑의 말에 입을 삐죽이면서도 지아와 함께 그 뒤를 따랐다.

 복도는 길지 않았다. 채 10분도 지나지 않아 나무판 사이로 희미한 불빛이 새어 들어오는 것이 보였다. 그리고 정말 다행히도 그 나무판은 반쯤 썩어서 힘주어 흔들자 겨우 한 사람이 들어갈 정도로 벌어졌다. 셋은 차례로 나무판 틈으로 몸을 밀어 넣었다.
 "우와! 거봐. 우린 정말 운이 좋다니까."

안쪽은 방이었다. 크지도 작지도 않은 중간 크기의 방에 걸린 유등이 희미하게 불을 밝히고 있었다.

지아는 방 안 가득 잘 정돈된 물건들을 보며 고개를 갸웃거렸다. 아늑해 보이는 아기 요람과 흔들거리는 목마, 조그만 숟가락과 그릇들, 삐뚤빼뚤 그려진 그림이 걸린 족자 등 온통 어린 아이가 쓰는 물건들뿐이었다. 마치 누군가의 어린 시절을 통째로 보관하고 있는 것 같았다.

"여긴……."

"이게 무슨 놀이동산도 아니고……."

황당해하는 지아, 한별과는 반대로 미랑은 완전 물 만난 오리처럼 여기저기를 둘러보며 연신 비명 같은 탄성을 터뜨렸다.

"와아아~! 이거 봤어! 흔들요람이야. 저기 저 목마는 또 어떻고. 한 번만 타볼까? 꺄악! 사자인형이다!"

미랑이 선반 위의 인형을 향해 손을 뻗으려 할 때였다. 누군가의 성난 고함소리가 방 안에 쩌렁쩌렁 울려 퍼졌다.

"멈춰!"

2장_ 너무나도 용감한 무미랑

성난 목소리의 주인공은 깡마르고 창백한 피부의 병약해 보이는 소년이었다. 일행이 들어온 방향과는 정반대쪽에 있는 문 앞에 선 그 소년은 미랑을 똑바로 쏘아보며 다시 한 번 외쳤다.
"당장 그 손 멈춰! 그렇지 않으면 죽여 버리겠다."
"네 거였니? 몰랐어. 미안."
미랑은 소년의 기세에 슬그머니 손을 거두어 들였다.
"어떻게 여기까지 왔는지는 모르지만 당장 꺼져라."
소년은 다시 한 번 강압적인 말투로 명령하듯 말했다.
건방진 꼬마에게 화가 단단히 난 한별은 인상을 잔뜩 찌푸리며 따지듯 말했다. 게다가 소년은 한별보다 나이도 어려 보였다.

"어쭈? 이 꼬맹이가 보자보자 하니까. 야, 네가 여기 주인이야? 네가 뭔데 사람을 가라마라야?"
"감히 어디서 막말이냐? 정말 죽고 싶으냐?"
"흥! 나이도 어려 보이는데 형한테 까불래?"
한별이 오히려 주먹을 흔들어 보이자 소년의 얼굴은 치밀어 오르는 분노 때문에 잘 익은 감처럼 붉어졌다.
지아는 차분한 눈으로 소년을 살펴보았다. 황금색 비단옷에 섬세하게 자수를 놓은 비단 당화, 진주알을 알알이 엮어 만든 긴 목걸이는 그 하나하나가 무척이나 고급스러워 소년이 보통 신분이 아님을 짐작케 했다. 무엇보다 지아의 눈길을 끈 것은 소년의 눈이었다. 소중한 것을 침범당한 분노로 잔뜩 사나워진 눈빛. 지아는 한별을 향해 입을 열었다.
"그만둬."
"아! 알았다!"
하지만 그 전에 미랑의 탄성이 먼저 터졌다. 난데없는 미랑의 외침에 지아와 한별, 그리고 소년의 시선이 일제히 미랑에게 날아들었다.
미랑은 소년이 자신을 바라보자 씽긋 웃어 보이며 말했다.
"너, 요즘 외롭고 무섭구나? 그치? 그래서 여기에 오는 거지? 여긴 너의 행복한 추억만 가득 담겨 있으니까. 행복해지고 싶어서."
미랑의 말에 놀란 듯 소년의 어깨가 움찔 굳어졌다. 그리고 다음 순간, 소년의 눈은 조금 전보다 훨씬 더 난폭하게 빛났다.
"닥쳐라! 닥치란 말이다! 네까짓 천한 것이 뭘 안다고 떠드느냐? 여봐라! 당장 저것들을 잡아라!"
소년은 발까지 동동 구르며 문 밖을 향해 고래고래 소리를 질렀다.

27

그러자 요란한 발소리와 함께 시퍼렇게 날이 선 창을 든 병사들이 우르르 방 안으로 쏟아져 들어왔다.

병사들은 일사분란하게 소년의 등 뒤에서 한 목소리로 외쳤다.

"태자저하, 찾으셨습니까?"

병사들의 고함에 한별과 미랑, 지아의 눈에 놀람의 빛이 스쳐 지나갔다. 특히 한별의 얼굴색은 거의 하얗게 변해 버렸다.

"태, 태, 태자?"

"그, 그럼 너, 아니 저하가 이치 황태자?"

한별과 미랑은 동시에 비명을 지르듯 외쳤다.

이치는 자신에게 감히 반말을 한 한별과 건조한 눈길로 자신을 똑바로 바라본 지아, 그리고 자신에 대해 멋대로 지껄인 미랑을 노려보았다.

"감히 짐을 능멸한 저들을 당장 끌어내라."

이치의 말이 끝나자마자 병사들은 일제히 창날을 앞으로 내민 채 지아와 미랑, 한별을 압박해 왔다.

"야! 아니, 태자저하! 반말한 건 미안한데……. 아야야! 왜 때려요? 아야! 놔, 놓으라고요!"

아무리 운동으로 다져진 한별이라도 훈련을 받은 건장한 병사들을 이겨낼 순 없었다. 세 사람은 이내 병사들에게 단단히 잡힌 채 건물 밖으로 끌려 나왔다.

"아야!"

병사들은 단단한 포석이 깔린 바닥에 세 사람을 내동댕이쳤다. 밖으로 끌려 나오고 나서야 자신들이 나온 전각이 황궁의 서각임을 알게

되었다. 서각의 옆 건물이 바로 당에 온 후 처음 만난 이상한 도사들이 있던 천단전이었다. 실제로 천단전 주변의 붉은 가사를 입은 도사들이 힐끔힐끔 그들을 훔쳐보고 있었다.

서각 입구에서 세 사람을 내려다보던 이치가 큰 소리로 외쳤다.

"저들의 입에서 죽여 달라는 말이 절로 나오도록 힘껏 쳐라!"

"지아야! 미랑!"

한별은 병사들이 다가오자 재빨리 미랑과 지아를 힘껏 끌어당겼다. 그런 한별의 등 위로 무지막지한 몽둥이세례가 쏟아졌다.

"끄으윽~!"

하지만 병사들의 수는 수십에 달했고 한별이 그 모두를 막는 것은 불가능했다. 한별의 어깨를 스친 몽둥이가 지아의 어깨 위에 떨어졌다.

"꺄아악!"

난생처음 당하는 매질에 지아는 비명을 질렀다. 어깨가 타들어가는 고통이었다. 곁에 함께 웅크린 미랑의 입에서도 비명이 터져 나왔다.

"아악!"

한별이 재빨리 지아를 더욱 바싹 당겼다.

퍽! 퍼억!

"끄으으……."

몽둥이는 끊임없이 날아들었다. 한별의 입에서 괴로운 신음소리가 흘러나왔다.

최대한 몸을 웅크린 채 매질을 견디는 세 사람을 바라보는 이치의 입꼬리 한 쪽이 슬쩍 올라갔다. 이 상황이 참을 수 없이 즐겁다는 듯. 눈은 마치 쥐를 가지고 노는 고양이의 그것처럼 번뜩였다.

하지만 그의 유희도 오래지 않아 끝나 버렸다. 나이가 지긋한 환관(宦官) 한 명이 다급한 걸음으로 이치에게 다가온 것이다.

"저하, 황제폐하가 이제 곧 궁으로 돌아오십니다. 저하께서도 어서 준비를 하셔야 합니다."

"알고 있다. 금방 끝나니 조금만 더 기다려."

"이제 곧 날이 밝사옵니다. 어서 소신을 따르시지요."

이치는 재미난 장난을 방해받은 듯 짜증스럽게 환관을 째려보았다. 하지만 환관 역시 녹록치 않은 듯 단 한 발자국도 물러서지 않았다. 결국 이치는 병사들에게 손짓했다.

"그만. 오늘은 여기까지 한다."

"끄윽~!"

병사들이 물러나자마자 한별은 힘없이 바닥에 털썩 쓰러졌다. 그런 한별의 등은 터져 나온 핏물로 붉게 물들어 있었다. 그제야 두 소녀는 한별이 얼마나 심한 부상을 입었는지 알아챘다.

"꺄악! 한별! 한별아!"

한별의 어깨를 흔들며 난리를 치는 미랑과 할 말을 잊은 채 한별을 내려다보는 지아의 귓가로 차가운 이치의 목소리가 들려왔다.

"운이 좋은 것들이구나. 살고 싶으면 두 번 다시 내 눈에 띄지 마라."

"으으음~!"

화끈거리는 통증과 눈을 찌르는 햇살에 겨우 정신을 차린 한별은 끙, 소리를 내며 몸을 일으켰다. 그 작은 움직임에도 등은 불에 덴 듯 화끈거렸다.

"뜨악! 아파. 꿈이 아니었잖아."

생생하게 전해져오는 등의 통증과 붉게 칠을 한 나무로 만든 소박한 가구들이 놓인 방, 그리고 살짝 열린 창 너머로 보이는 화려하고 웅장한 전각들을 바라보던 한별은 한숨을 푹 내쉬었다. 도무지 현실감 없었던 어젯밤의 일이 떠올라서였다.

다행히 등의 상처는 누군가 치료를 해 주었는지 깨끗한 천으로 둘둘 감겨 있었다.

바로 그때 방문이 드륵, 열리며 사락거리는 얇은 비단으로 만든 긴 치마 위에 푸른색 허리끈을 두른 소녀가 방 안으로 들어왔다. 눈부신 햇살 때문에 소녀의 뽀얀 피부는 거의 투명해 보일 정도였다.

"우와! 무지 예뻐……. 엥? 지아?"

입을 떡 벌린 채 멍청한 표정을 짓던 한별의 눈이 어느 순간 휘둥그레졌다. 방 안으로 들어온 소녀는 다름 아닌 미랑에게서 궁녀의 옷을 빌려 입은 지아였다. 너무 놀란 한별은 그대로 침대에서 굴러 떨어질 뻔했다.

"왜 그렇게 놀라? 믿기 힘들겠지만 여긴 당나라야. 이곳에서 지내면서 집으로 돌아갈 방법을 찾으려면 궁녀 복장을 할 수밖에 없어."

지아는 자신을 보며 놀라는 한별에게 무뚝뚝하게 한마디하고는 들고 있던 꾸러미를 그에게 던졌다.

"너도 갈아입어."

"응? 아, 으응. 고마워."

한별은 멍한 표정으로 이미 쾅, 닫힌 문 쪽을 향해 중얼거렸다. 그리고는 여전히 멍한 눈으로 지아가 던진 꾸러미를 풀었다.

"으아아! 이거 어젯밤에 봤던 환관 아저씨가 입었던 옷이잖아!"

"지아야. 내가 이 옷 입었다는 건 너와 나만 아는 비밀이야. 울 아빠나 친구들한테는 절대 비밀이다. 제발!"

옷을 갈아입고 나온 한별은 밖에서 기다리고 있던 지아에게 애원했다.

"어이, 한별! 아니지, 이젠 강내관이라고 불러야 하나? 암튼 빨리 와. 오늘 황제폐하가 돌아오신단 말이야. 몰래 구경 가자."

하지만 어느새 다가온 미랑은 그런 한별의 노력을 무참하게 박살냈다. 그녀는 그의 등을 팡팡 두드리며 아주 잘 어울린다는 듯 엄지손가락을 들어 보이기까지 했다.

"끄아악! 아파! 이 녀석…… 일부러 등 때린 거지?"

"윽! 미안. 까먹었어. 아직 많이 아파?"

"미랑 너, 미워할 거야……."

한별은 대답하지 못했다. 대신 입에 거품을 문 채 바닥으로 쓰러지고 말았다.

미랑은 간신히 정신을 차린 한별과, 시큰둥한 표정의 지아를 질질 끌고는 궁 한쪽의 쪽문으로 달려갔다. 그곳은 커다란 버드나무들이 줄지어 서 있어서 나무 위에 올라가면 높디높은 담장으로 둘러싸인 구중궁궐 안에서 유일하게 바깥을 내다볼 수 있는 장소였다. 하지만 그곳에는 이미 황제의 행렬을 구경하기 위해 나온 수많은 궁녀들과 나이 어린 환관들로 북적였다.

"윽! 너무 늦게 왔나 보다."

미랑은 어떻게든 빈 나무를 찾으려 사방을 둘러보았다. 황제의 환궁(還宮)은 평생 한 번 볼까 말까한 행사여서 절대로 놓치고 싶지가 않았

기 때문이었다.

하지만 그런 사정은 다른 궁녀들도 마찬가지, 빈자리가 있을 리 없었다.

"저리 가. 더 올라오면 나무가 부러진단 말이야."

"으악! 여기도 좁아, 미랑. 안 돼!"

"큭큭! 웬일이냐? 미랑 네가 이런 때 늦고. 미안하지만 정원초과야."

궁녀들은 혀를 날름 내보이며 미랑에게 휘휘 손을 내저었다.

"쳇! 이대로 포기할 내가 아니라고. 결국 최후의 수단을 써야겠군."

한참 골똘히 고민하던 미랑의 눈이 장난기로 반짝였다. 미랑의 눈빛을 마주한 지아와 한별은 왠지 불안해지기 시작했다.

"이래도 돼?"

"괜찮아. 이런 구경거리를 놓치면 평생 후회한다니까."

미랑은 한별과 지아를 외성의 주방 쪽문에 붙은 조그마한 구멍으로 안내했다. 원래 음식물의 반출입을 위해 뚫어놓았지만 가끔은 이렇게 궁녀들의 비밀통로 역할도 겸하고 있었다.

"이러다 들키면 어떻게 되는데?"

미랑이 못미더운지 한별이 또다시 물었다. 벌써 열 번째 질문이었다. 그제야 미랑은 악동같이 씩 웃었다.

"들키면 끝장이지. 죽도록 맞고 쫓겨나는 정도? 하지만 걱정하지 마. 오늘은 위사(衛士) 아저씨들도 구경하느라 정신없을 텐데 뭐. 가자, 지아야. 황제폐하의 행렬 말고도 볼거리가 아주 많다고."

"어어?!"

"그, 그럼 전혀 괜찮은 게 아니잖아? 무미랑! 저 녀석, 전혀 안 듣고 있잖아? 야, 내 말 좀 들어 봐! 같이 가!"
 한별은 뛰어가는 미랑을 뒤쫓으며 고래고래 소리를 질렀다.

 장안은 문화대국 당의 수도답게 발 디딜 틈도 없을 정도로 번잡하고 활기찼다. 커다란 대로변의 좌우에는 화려한 전각들이 지붕을 맞대고 빼곡이 세워져 있었으며 그 사이사이에는 별별 신기한 먹을거리와 소품을 파는 노점상들이 즐비했다. 또한 약을 팔기 위해 기예를 선보이는 약장수들과 한 발짝 걸을 때마다 얼굴의 가면이 휙휙 바뀌는 변검사의 공연도 펼쳐지고 있어 거리를 더욱 복잡하게 만들었다.
 거리를 가득 메운 사람들의 면면 또한 다양했다. 비단옷을 입은 당나라의 장사치들부터 거친 동물의 가죽을 두른 몽골인, 짙은 피부색의 아랍인과 금발에 푸른 눈을 가진 유럽의 상인들까지 전 세계의 상인이란 상인들은 모두 장안성 안에 모여 있는 것만 같았다.
 거기에 오늘은 황제의 어가행렬까지 있어 수천에 달하는 백성까지 쏟아져 나와 장안성 전체가 거대한 축제의 장을 방불케 했다.
 한별은 장안의 거리 곳곳을 돌아보며 끊임없이 감탄을 터뜨렸다.
 "우와아!"
 "어때? 멋지지?"
 "응. 완전 영화의 한 장면 같아."
 사람이 많은 곳이라면 공항이나 백화점이 전부였던 지아에게도 장안의 거리에서 만난 활기와 역동감은 깜짝 놀랄 만한 것이었다. 떨떠름한 표정으로 미랑에게 끌려왔던 지아의 눈에도 얼핏 놀람이 스쳤다.
 바로 그때 반짝이는 커다란 말을 탄 무사가 사람들로 어지럽게 뒤엉

킨 거리에 모습을 드러냈다. 그는 들고 있던 커다란 깃발을 마구 휘두르며 고함을 질렀다.
"황제폐하의 행차시다! 모두 길에서 물러나 무릎을 꿇어라!"
그의 고함을 듣자마자 시민들이 황급히 거리 좌우로 비켜나 분분히 땅에 넙죽 엎드렸다. 거리는 순식간에 비워졌다. 한별과 지아의 팔을 잡은 미랑도 서둘러 사람들 사이로 섞여들었다.
그렇게 비워진 거리 한가운데로 드디어 화려한 황금빛 깃발을 높이 치켜든 황제의 행렬이 보이기 시작했다. 말을 탄 수백여 명의 호위무사들과 하늘거리는 옷을 입은 아름다운 궁녀들, 북과 나팔을 연주하면서 오색의 꽃잎을 뿌리는 악대 등 어마어마한 규모였다.
바닥에 꽃잎이 수북이 깔릴 즈음, 건장한 사내들 여덟 명이 떠멘 황금색 가마가 그 위용을 드러냈다. 푹신한 방석이 깔린 커다란 어가 위에는 시민들이 그토록 보기를 갈망하던 태종 이세민이 거만한 자세로 앉아 있었다.
"황제폐하 만세!"
"태종폐하 만세! 만세!"
사람들은 황제의 가마를 향해 머리를 조아리고 황제의 장수를 기원하는 구호를 외쳐댔다. 그렇게 하면 황제뿐 아니라 자신들 역시 복을 받는다는 믿음 때문이었다.
하지만 한별은 눈살을 찌푸리며 툴툴댔다.
"평범한 할아버지구만 뭐 대단하다고 이 난리인지. 그치, 지아야?"
지아는 한별의 말을 한 귀로 흘려들으며 황제를 유심히 바라보았다. 그녀의 역사적 지식으로는 태종 이세민은 태평성대를 이룬 성군 중의 성군이면서 뛰어난 명장이었다. 하지만 지금 가마 위에 앉은 그는 금빛 당의와 흑진주를 주렁주렁 매단 면류관을 쓴 냉혹하고 신경질적인 40대 후반의 아저씨로 보일 뿐이었다. 얼굴빛 또한 새까맣게 죽어 병색이 완연했다. 게다가 왼쪽 눈에는 새까만 안대까지 하고 있었다.

"고구려에게 패한 후로군."

지아는 다른 사람에게는 보이지 않도록 미미하게 고개를 끄덕였다.

"안 돼!"

지아가 잠시 딴생각에 잠겨 있는 사이, 누군가의 날카로운 비명소리가 들렸다. 황급히 고개를 돌려 보니 미랑이 어가행렬을 이끌고 있는 거대한 말을 탄 기마병 앞으로 몸을 날리고 있었다. 그곳에는 이제 서너 살쯤 되어 보이는 아이 한 명이 두 손으로 공을 꼭 쥔 채 겁에 질려서 있었다.

"아!"

매사 무심한 지아였지만 이때만큼은 자신도 모르게 자리에서 벌떡 일어나고 말았다. 미랑과 아이가 금방이라도 커다란 말발굽에 짓밟힐 것만 같았기 때문이었다.

"미랑!"

한별이 지아의 곁을 스치며 뛰쳐나갔다. 하지만 기수의 말은 이미 미랑의 코앞까지 다가와 있었다.

"히이이잉!"

황실을 상징하는 황금기를 높이 든 채 선두에서 말을 몰던 무사는 뒤늦게 아이와 미랑을 발견하고는 다급히 말고삐를 당겼다. 그 때문에 성이 난 말은 앞발을 높이 치켜들고 크게 투레질을 했다. 순식간에 자

욱한 흙먼지가 피어올랐다.

"아이고, 꼼짝없이 밟혔네, 밟혔어. 이를 어쩌나."

사람들은 안타까워 발을 동동 굴렀다.

하지만 흙먼지가 가라앉자 사람들의 눈이 놀람으로 크게 떠졌다. 무사의 말 다루는 솜씨가 무척 뛰어나 아이를 꼭 껴안은 채 잔뜩 몸을 움츠린 미랑은 가까스로 목숨을 건진 것이었다. 미랑의 주변 여기저기 어지럽게 찍힌 발굽자국만이 방금 전 상황이 얼마나 위급했는지 말해 주고 있었다.

"미랑, 괜찮아?"

한 발 늦게 미랑에게 달려온 한별이 다급히 미랑의 이곳저곳을 살피며 물었다. 다행히 미랑도, 아이도 무사했다.

"와아! 살았다!"

"다행이네! 정말 다행이야."

사람들은 무사들과 미랑을 향해 환호성을 질렀다. 하지만 정작 미랑의 목숨을 구한 무사의 얼굴은 잔뜩 일그러졌다. 자신 때문에 행렬 전체가 멈춘 것은 물론이고 성난 말을 진정시키려다가 황실의 상징인 황기(皇旗)를 흙바닥에 떨어뜨릴 뻔했기 때문이었다. 만일 이 깃발을 떨어뜨렸다면 자신은 황실모독이나 심지어 반역자로 몰릴 수도 있었다.

더구나 이 모든 상황이 급작스럽게 일어나 황제가 앉은 가마가 한차례 비틀거리기까지 했다. 당연하게도 황제의 얼굴이 불쾌한 듯 찌푸려졌다.

분위기가 수상하게 변하자 한별이 재빨리 무사에게 사정했다.

"무사님, 용서해 주세요. 아이를 구하기 위해서였다고요. 아저씨도

봤잖아요."

지아도 내키진 않지만 한별의 옆으로 다가가 나란히 섰다. 미랑이 없으면 황궁에서 머물 방법도, 집으로 돌아갈 길도 영영 사라지게 되기 때문이었다.

"애를 구하려던 거잖아! 살려 줘라!"

"맞아. 저 애들도 아직 어린데 기특하잖아. 살려 줘!"

한별과 지아가 나서자 시민들도 한 목소리로 외쳐댔다.

하지만 무사는 시민들의 행동에 더욱 화가 나 허리춤에서 칼을 뽑아 들고는 사방을 쏘아보며 외쳤다.

"모두 죽고 싶으냐? 감히 어느 안전이라고 큰 소리를 내느냐? 몽땅 베어 버리기 전에 당장 닥치지 못할까?"

그의 서슬 퍼런 호통과 커다란 칼에서 전해지는 서늘한 기운에 시민들은 약속이나 한 듯 입을 꾹 닫았다. 수만 명이 모인 거리가 일순 쥐 죽은 듯 조용해졌다.

바로 그때 비로소 정신을 차린 미랑이 벌떡 일어섰다. 그리고 성난 눈초리로 무사를 쏘아보며 버럭 소리쳤다.

"아저씨! 뭐하는 짓이에요? 애가 다칠 뻔했잖아요! 게다가 왜 소리는 지르고 그래요? 애가 놀랐잖아요. 빨리 사과하세요."

살려달라고 빌어도 모자란 상황에서 미랑의 당당하고도 현실감 없는 외침에 거리에 있던 모든 사람들은 잠시 할 말을 잊었다.

무사 역시 황당했는지 잠시 눈살을 찌푸렸다가 소리쳤다.

"이 무슨 해괴한 소리냐? 네 눈에는 저 뒤에 계신 황제폐하가 보이지도 않는단 말이냐?"

"물론 보이죠. 그러니까 더더욱 무사님이 잘못한 거라고요. 황제폐하께서는 줄곧 사람의 목숨을 무겁게 여기셔서 함부로 상하게 하지 않았는데, 당신의 실수로 이 아이가 죽거나 다쳤다면 황제의 공덕에 큰 흠이 남을 뻔했잖아요."

"뭐라고? 이 콩알만 한 계집애가!"

결국 화를 참지 못한 무사가 칼을 번쩍 치켜들자 지아와 한별의 얼굴에서 핏기가 싹 가셨다.

"아고, 이제 정말 죽었네."

"겁도 없네, 겁도 없어!"

주변에서 바라보는 사람들의 입에서도 안타깝고 다급한 음성이 터져 나왔다.

"멈추시오!"

그 순간 무사의 손을 멈추게 하는 음성이 들려왔다. 바로 황제의 어가 옆에서 말을 몰던 한 청년 대신이었다. 붉은 관복에 새까만 말을 탄 그는 무관의 기개가 엿보였다.

"장손충 대인!"

청년의 얼굴을 보자마자 무사는 칼을 등 뒤로 거두고는 공손히 고개를 숙였다. 그의 얼굴에는 존경심과 두려움이 함께 뒤섞여 있었다.

장손충은 황제의 처남이자 태자의 친삼촌인 장손무기의 하나밖에 없는 아들이었다. 장손무기가 황제의 절대적 신임을 받아 상서우복야(尙書右僕射)·사도(司徒)·태위(太尉) 등의 높은 직위를 맡고 있었지만 그의 아들인 장손충 역시 황제의 어가를 직접 호위하는 어림군(御林軍)의 총대장이자 비서감부마도위라는 중책을 맡고 있는 등 만만치 않은 중신

41

이었다. 문무에 모두 빼어나 장안 모든 청년들이 우러러보며 닮고 싶어 하는 남자가 바로 이 장손충이었다.

"꺄악! 장손충 대인이다!"

"꺅! 오빠! 나 좀 봐 줘요!"

군중들 속에 있던 여인들의 반응 또한 남자들 못지않게 뜨거웠다. 결혼 적령기를 앞두고 있는 장손충이야말로 최고의 신랑감 후보였기 때문이었다. 여인들은 어떻게든 그의 시선을 한 번 잡아보려고 붉고 푸른 비단 손수건을 흔들며 요란한 환호성을 올렸다.

장손충은 열렬한 환대에 쑥스러운지 슬쩍 뒷머리를 긁적이다가 손을 들어 소란을 잠재웠다. 그리고 무사를 돌아보았다.

"뒤에서 보아하니 소란이 있는 듯하여 이렇게 왔소. 황제께서도 궁금해 하시고."

그의 말에 무사의 얼굴은 완전히 일그러졌다.

"죄, 죄송합니다. 저 아이 때문에 잠시 행렬이 지체되었습니다. 즉시 해결하겠습니다."

무사는 등 뒤로 감추었던 칼을 다시 슬쩍 엿보며 말했다. 그 뜻은 누가 보더라도 분명했다. 미랑을 아주 잽싸게 해치우겠다는 의미였다. 장손충은 너털웃음을 터뜨리며 고개를 저었다.

"하하하! 내 말을 단단히 오해했군. 황제의 뜻은 오늘같이 길한 날 피를 보기 싫으시다는 것이오. 나 또한 그렇고. 그러니 그 칼은 다시 넣어두시오."

"아아!"

뒤늦게 무사의 입에서 탄성이 새어 나왔다.

무사가 이해한 듯하자 장손충은 말머리를 돌려 웅성거리는 시민들 쪽으로 돌아섰다. 그리고 우렁찬 목소리로 외쳤다.

"모든 상황을 살피신 황제께서 자비를 베푸시어 저 아이와 너희들의 무례한 행동을 눈감아 주셨으니 모두들 황제의 은덕에 감사드리도록 하라!"

"와아아~! 황제폐하 만세! 만세!"

"꺄악! 장손충 오빠, 역시 멋져요!"

"와아! 꼬맹이들이 제법 용기가 있었어!"

낭랑한 그의 외침에 시민들은 황제의 자비로움과 미랑의 용감한 행동에 환호를 보냈다.

하지만 지아와 한별, 그리고 미랑은 그 환호에 답할 수 없었다. 다시 돌아선 장손충이 장난스러운 눈으로 손가락을 까딱거리고 있었던 것이다.

"이 말썽쟁이 녀석들. 허락도 없이 궁을 나온 것이렸다? 황제께서 보자시니 따라오너라."

그러고 보니 셋 다 궁녀와 환관의 옷을 입은 상태, 지아는 한숨을 내쉬었고 한별은 괜찮을 거라고 호언장담하던 미랑을 찌릿 째려보았다.

"오오! 황제폐하를 직접 뵐 수 있다니."

오직 한 사람, 미랑만이 들뜬 미소를 지었다.

'아! 집에 가고 싶어.'

지아는 왠지 머리가 지끈거리는 것 같아 이마를 지그시 눌렀다.

황궁 안에서도 가장 중요한 곳은 당연히 황제의 거처였다. 금방이라도 날아갈 듯 활짝 펼쳐진 새의 날개 모양의 치미(장식 기와)로 양옆을 장식한 용마루와 유려하면서도 단아한 처마선 아래를 장식한 몇 겹이

나 되는 화려한 단청, 그리고 묵직한 기와지붕을 거뜬히 받쳐 들고 있는 한 아름이나 되는 수십 개의 기둥이 줄지어 늘어선 이 웅장하고 거대한 전각이 바로 당태종이 머무는 조양전(朝陽殿)이었다.

솜씨 좋은 장인이 새긴 아름다운 창살 사이로 오후의 볕이 들이비추는 조양전의 내부 또한 화려하고 웅장하기 이를 데 없었다. 까마득히 높은 천정과 대전 끝에 놓인 황제의 태사의를 중심으로 좌우로 줄지어 늘어선 단단한 기둥들은 몇 천 년도 끄떡없을 듯 단단해 보였고, 기둥 사이사이 주렴처럼 길게 드리워진 비단들은 마치 이슬을 엮어 놓은 듯 투명하게 반짝였다. 그 비단 뒤에는 꽃보다도 곱게 치장한 궁녀들이 느릿한 궁중음악을 연주하고 있었다.

친구들과 경복궁에 한 번 가본 것이 전부였던 한별은 조양전의 위용에 기가 질린 듯 마른 침을 꼴깍 삼켰다. 줄곧 후궁에서만 생활하던 미랑 역시 사방을 둘러보며 연신 탄성을 터뜨리는 바람에 환관의 주의를 받기까지 했다.

둘과는 다르게 지아의 얼굴은 무표정하기만 했다. 그도 그럴 것이 살고 있는 집만 하더라도 성이라 부를 정도로 엄청났을 뿐 아니라 사고가 있기 전에는 어려서부터 부모님을 따라 전 세계의 유명한 장소는 두루 돌아다녔기 때문에 이 정도는 그다지 놀랍지 않았다. 다만 박물관에서나 만날 수 있던 당의 유물들이 눈앞에서 생생하게 살아 숨 쉬고 있다는 점만이 신기할 뿐이었다.

이때 대전의 정문이 활짝 열리자 궁녀들은 황급히 악기를 거두고는 뒷걸음질로 대전을 빠져나가기 시작했다. 그 대신 궁녀들이 빠진 자리로 전신을 갑옷으로 무장한 병사들이 절도 있게 쏟아져 들어왔다.

"황제폐하 납시오!"

병사들이 모두 자리를 잡자 길게 빼는 환관의 높은 목소리와 함께 대전 끝의 문이 열렸다. 그리고 드디어 황제가 모습을 드러냈다. 금방이라도 날아오를 듯 정교하게 용이 수놓아진 황금빛 장포와 옥과 보석으로 꾸민 허리띠를 한 황제는 낮에 보았던 것보다 훨씬 더 피곤해 보였다.

그리고 그 뒤를 따르는 또 한 사람, 바로 황태자 이치였다.

"헉!"

"으악!"

이치와 일행은 서로를 발견한 순간 깜짝 놀라 헛바람을 들이켰다.

"가까이 오라."

잠시 이치에게 시선을 빼앗긴 사이, 어느새 커다란 태사의에 앉은 황제의 낮고 굵직한 음성이 들렸다. 크지 않았지만 묘한 울림이 있는 그 목소리는 대전 반대편 끝에 서 있는 일행에게까지 또렷이 들렸다. 셋은 그의 목소리에서 느껴지는 카리스마에 감히 거스르지 못하고 황제 가까이로 다가갔다.

한 발 한 발 다가갈수록 거대한 전각의 위용과 병사들이 내뿜는 삼엄한 기운, 그리고 황제에게서 풍겨오는 위압감은 점점 더 커져 갔다.

'우와! 분위기 장난 아니다. 저 사람이 바로 황제란 말이지?'

한별은 자신들을 향한 태종의 날카로운 눈빛에 자신도 모르게 어깨가 움츠러드는 것을 느꼈다. 실눈으로 힐끗 태종의 곁을 훔쳐보니 오만하고 건방지던 이치도 겁먹은 어린 아이처럼 잔뜩 굳어 있었다.

"한지아입니다. 영광입니다, 폐하."

그때, 지아의 건조하면서도 냉랭한 목소리가 들렸다. 눈빛은 흔들림

조차 없었다. 한별은 거의 존경스러운 눈으로 지아를 돌아보았다.
"가, 강한별입니다."
"무미랑입니다."
한별과 미랑도 지아를 따라 꾸벅 머리를 숙였다. 그런 세 사람의 위로 서릿발 같은 황제의 추궁이 떨어졌다.
"이 녀석들! 너희들이 한 짓은 죽어 마땅하다는 것을 알고 있느냐?"
황제는 쾅, 소리가 나도록 태사의 손잡이를 내려치며 호통을 쳤다.
"끄악! 한 번만 봐주세요. 살려만 주시면 뭐든 할게요."
잔뜩 얼어 있던 한별은 황제의 호통에 자기도 모르게 그만 넙죽 무릎을 꿇고 말았다. 하지만 미랑과 지아는 꼼짝도 하지 않았다. 머쓱해진 한별은 슬그머니 다시 몸을 일으켰다. 얼굴은 이미 새빨갛게 익어 있었.
"죽어 마땅하다니요? 아이를 살리는 일이었는데 그게 뭐가 잘못된 거예요? 행렬이 잠시 늦춰지는 건 작은 일이고, 아이를 살리는 건 큰일인데 당연히 후자가 더 중요하죠. 오히려 칭찬을 들어야 마땅하다고요."
미랑은 고개를 갸웃거리며 빌기는커녕 오히려 황제의 말을 반박했다. 다시 일어선 한별의 얼굴에서 핏기가 슬슬 빠져나가기 시작했다.
"흥! 감히 짐을 가르치려 들다니. 죽음이 두렵지 않느냐?"
황제는 너무나도 당당한 미랑의 대답에 화가 났는지 손잡이를 다시 한 번 쾅, 두드렸다. 그러자 기둥 뒤쪽에 있던 수십 명의 병사들이 일제히 번뜩이는 칼을 뽑아들고는 세 사람의 주위를 에워쌌다.
"으악!"
한별은 깜짝 놀라 지아의 팔을 꼭 잡았다. 다시 넙죽 엎드려 싹싹 빌고 싶은데 신기하게도 두 소녀는 황제가 무섭지도 않은지 미동조차 하지 않았다.

'아니, 애들이 호랑이 간이라도 삶아 먹었나? 왜 이렇게 태평한 거야?'

혼자만 하얗게 질린 한별의 등으로 굵은 식은땀이 주룩주룩 흘러내렸다.

지아는 황제의 눈빛에서 이 호통이 거짓임을 읽어냈다. 그의 눈을 가득 채우고 있는 것은 호기심뿐 그 어디에도 원망이나 미움이 들어 있지 않았다.

'매일매일 할아버지로부터 증오와 원망의 시선을 받고 있는 나니까 이런 건 쉽게 알 수 있지.'

지아의 입가에 자조적인 미소가 살짝 떠올랐다.

"폐하께선 귀신이나 도깨비가 아닌데 왜 무섭겠어요. 게다가 진심도 아니시잖아요?"

미랑도 황제의 눈빛이 호기심으로 반짝인다는 것을 알았는지 낭랑한 목소리로 물었다. 그것도 무례할 정도로 정직하게. 상황이 이쯤 되자 지아도 슬슬 불안해지기 시작했다.

"흥! 발칙한 것! 감히 짐을 시험하는 것이냐?"

미랑의 말에 더욱 화가 난 듯 황제는 손가락을 까딱거렸다. 그러자 셋을 에워쌌던 호위병들은 일제히 칼날을 세 사람의 목에 바싹 가져다 댔다. 조금이라도 움직이면 목이 달아날 순간이었다.

하지만 미랑의 목소리는 여전히 씩씩했다.

"절 죽이시려면 낮에 죽이셨겠지요. 폐하, 지금 심심하셔서 괜히 이러시는 거죠? 폐하 얼굴에 다 쓰여 있다고요. 제 말이 맞죠?"

미랑의 이어진 한 마디에 지아는 자신도 모르게 한별의 소매 깃을 꽉 잡았다. 황제가 자신들을 해할 마음이 없음은 알고 있었지만 중국에서

47

황제란 거의 신적 존재, 결코 이런 농담을 주고받을 사람이 아니었던 것이다.

"으으, 이제 다 틀렸구나."

지아의 표정이 살짝 굳어지자 한별은 다시 바닥에 털썩 주저앉고 말았다.

"으하하하! 감히 짐에게 심심하냐고? 어린 녀석이 넉살이 좋구나!"

요란한 웃음소리가 들린 것은 바로 그때였다. 갑작스런 웃음소리에 깜짝 놀라 고개를 들어보니 황제는 뭐가 그리 재미있는지 목젖이 보일 만큼 크게 웃고 있었다. 칼을 들이밀고 있던 호위병들 역시 어느샌가 대전의 양쪽 벽으로 물러난 후였다.

한별은 뭐가 어떻게 돌아가는지 몰라 멀뚱히 지아를 올려다보았다. 그러자 자신을 엄청 한심한 눈으로 내려다보고 있는 지아와 눈이 딱 마주쳤다.

"진짜 무서웠단 말이야."

한별은 또다시 엉거주춤 일어서며 툴툴거렸다.

"솔직해서 좋구나. 달리 궁금한 게 있으면 뭐든 물어 보아라."

황제는 정말로 기분이 좋은 듯 미랑에게 빙긋 웃으며 말했다.

"네! 사실은 꼭 여쭙고 싶었던 게 하나 있어요."

황제의 말이 반가웠던지 미랑은 크게 고개를 끄덕였다.

'얘가 또 뭔 소리를 하려는 거지?'

'진짜 사고 치기 전에 막아야 해.'

순간 지아와 한별은 거의 동시에 서로의 눈을 바라보았다. 난생처음 둘의 의견이 일치한 순간이었다.

하지만 그들보다 미랑이 조금 더 빨랐다.

"폐하의 왼쪽 눈 말이에요. 정말 으적으적 씹어 드셨어요? 소문에는 폐하가 드셨다고……. 으읍! 진짜야! 다들 그랬어, 으읍! 음!"

"으악! 안 돼!"

한별은 필사적으로 미랑의 입을 틀어막았다. 하지만 이미 대전 안의 사람들 모두가 미랑의 말을 들은 후였다. 호위병들과 환관들, 그리고 이치의 얼굴은 벌써 하얗게 질려가고 있었다.

황제 역시 하나밖에 남지 않은 눈을 번뜩이며 입가를 씰룩이는 것이 이번에는 정말로 화가 단단히 난 것 같았다. 답답하다고 버둥거리는 미랑의 입을 더 단단히 틀어막은 한별은 최대한 불쌍한 표정을 지으며 말했다.

"폐, 폐하! 얘가 워낙 엉뚱하고 단순해서 그런 거거든요. 이번 딱 한 번만 더 용서를……."

"크하하하! 큭큭! 너처럼 대놓고 묻는 사람은 위징이 죽은 후 처음이다. 오히려 속이 다 시원하구나."

엉뚱하기는 황제도 미랑 못지않았다. 미랑의 무례한 질문에 호탕한 웃음을 터뜨린 황제는 아예 의자 위를 데굴데굴 굴렀다. 예상치 못한 그의 반응에 대전 안의 사람들은 한동안 말을 잊었다.

한참 웃은 후 겨우 진정이 된 황제가 자신의 옆에 서 있던 이치를 돌아보았다.

"태자야, 어떠냐? 너도 궁금한 것이 생기면 저 아이처럼 내게 솔직하게 물을 수 있겠느냐?"

"예? 소자가 어찌 감히 아바마마에게 그런 불경을……."

지금까지 입 한 번 벙긋하지 못했던 이치는 갑작스러운 황제의 질문에 당황한 듯 말끝을 흐렸다.
　황제는 그런 이치가 마음에 들지 않는지 혀를 끌끌 찼다.
　"쯧쯧! 태자인 너보다 궁녀인 저 아이가 더 패기 있고 대범한 것 같구나. 사내 녀석이 어찌 그리 약해 빠졌느냐."
　한참 못마땅한 시선으로 이치를 보던 태종이 미랑 쪽으로 다시 시선을 돌렸다.
　"얘야, 솔직히 이야기하자면 내 주변에 남은 신하들이라고는 이 녀석처럼 죄다 눈치나 살살 보는 간신들뿐이란다. 그래서 백성의 사는 모습을 도무지 사실대로 들려주지 않지. 미랑이라고 했던가? 네가 나의 눈과 귀가 되어서 지금처럼 솔직하게 백성의 생활을 전해 줄 수 있겠느냐? 한 마디로 나의 간관(諫官)이 되란 말이다."
　간관은 왕에게 직언을 하는 관리로, 간관의 한 마디 한 마디는 황제가 국정을 운영하는 데 아주 결정적인 역할을 하기 때문에 보통 황제의 신임이 두터운 원로 신하들이 맡는 경우가 많았다. 그런 중요한 관직을 이제 겨우 13살 소녀 미랑에게 내린다는 것은 상상할 수 없는 일이었다. 하지만 미랑은 아주 간단히 고개를 끄덕였다.
　"그냥 본대로 전해드리면 되는 거죠? 좋아요. 그까짓 것 뭐 어렵겠어요?"
　"크하하! 좋아! 역시 시원시원하구나. 내가 사람 하나는 잘 본다니까. 내일부터 당장 궐 밖으로 나가 백성의 사는 모습을 보고 내게 알려다오."
　"호호호! 맡겨 주세요. 제가 또 거짓말은 못하는 성격이거든요."
　"으하하하하! 그렇다면 더욱 좋지."
　'이 두 사람, 혹시 부녀지간? 단순무식한 게 완전 성격이 똑같잖아.'

시원한 웃음과 함께 크게 고개를 끄덕이는 미랑과, 연신 호방하게 웃는 황제를 보던 지아는 다시 머리가 지끈거려왔다. 게다가 질투심과 증오가 뒤섞인 눈으로 미랑을 죽일 듯 쏘아보는 이치와, 그런 이치를 힐끔힐끔 노려보고 있는 한별도 만만치 않게 지아의 신경을 건드렸다.

'다 지겨워. 집에 가고 싶어.'

세 사람이 대전에서 물러나자 황제는 문득 곁에 있는 이치를 돌아보았다. 아직까지 미랑과 지아, 한별이 사라진 방향을 바라보고 있는 그의 눈동자에는 황제의 호감을 산 미랑에 대한 질투가 서려 있었다.

"쯧쯧! 옹졸한 녀석. 사내자식 눈빛이 어째 그 모양이냐?"

그제야 황제의 시선을 느낀 이치가 흠칫 놀라 어깨를 움츠렸다.

"아, 아니옵니다, 아바마마. 소자가 어찌……."

그 모습이 더욱 마음에 들지 않는지 황제는 아예 자리를 박차고 일어나 버렸다.

"한낱 궁녀보다 못한 도량을 가진 녀석이 태자라니. 큰아이와 작은아이가 살아만 있었어도 저런 한심한 녀석에게 태자 자리가 돌아가지 않았을 것을……."

홀로 남은 이치의 귓가에 대전 밖으로 사라지며 중얼거리는 황제의 혼잣말이 들렸다. 이치는 주먹이 부서져라 손을 꼭 쥐었다. 모멸감과 상처로 그의 눈은 새파랗게 빛나고 있었다.

3장_ 황제 앞에서 더욱 작아지는 태자

미랑의 방 앞 복도는 아침부터 또래의 궁녀들로 북적였다. 조양전에서 나오는 미랑을 본 누군가가 소문을 쫙 퍼뜨렸기 때문이었다.

"소식 들었니? 미랑이 어제 조양전에 다녀왔대."

"황제폐하께서 미랑을 아주 마음에 들어하셨다나 봐."

"에이, 설마! 단순무식 유치찬란한 무미랑을? 잘못 들은 거 아니야?"

궁녀들은 자기들끼리 열띤 설전을 벌였다.

드르륵!

이때, 갑자기 문이 열리자 궁녀들은 짧은 비명을 지르며 파다닥 뒤로 물러섰다. 그렇게 비워진 공간으로 세 사람이 걸어 나왔다. 황제가 보낸 비단 옷을 입은 미랑과 지아, 그리고 평상복을 입은 한별이었다.

옅은 초록 비단옷에 특유의 발랄함이 어우러진 미랑과, 딱딱한 얼굴과 잘 어울리는 짙은 옷의 지아, 그리고 온갖 운동으로 제법 근육이 붙은 몸을 검은 장포로 감싼 한별은 제각각의 매력을 풍겨냈다.

미랑은 자신들을 놀란 토끼눈으로 바라보는 친구들에게 씽긋 웃어 준 뒤 치맛자락을 나풀거리며 복도 저편으로 걸어갔다.

"어머! 쟤가 진짜 미랑이야?"

"그 옆에 있던 여자애도 궁녀야? 무슨 공주 같다."

"저 남자앤 또 어떻고. 누구야? 이름이 뭐래? 환관이 저렇게 멋져도 되는 거야?"

궁녀들은 복도 저편으로 사라지는 세 사람의 뒷모습을 보며 중얼거렸다.

다시 찾은 장안 거리는 여전히 활기가 넘쳤다. 게다가 전날엔 보이지 않았던 사자나 기린, 코끼리로 재주를 부리는 조련사들과 온갖 신기한 묘기를 펼치는 기예단, 화려한 동작으로 창과 칼을 휘두르며 노래를 부르는 경극단까지 자리를 잡고 있어 일행은 도무지 정신을 차릴 수가 없었다.

"와와! 저렇게 큰 동물은 처음 봐! 꺄악! 경극이다! 신기해! 우왕~ 당밀과자야! 하나만 사 먹자, 응?"

미랑은 모든 것이 신기한 듯 환호성을 질렀다. 마치 난생처음 놀이동산에 온 아이 같았다.

"크억! 지아야, 저 스님 봤냐? 완전 소림사 영화다. 저기 저 아저씨가 하는 게 차력 맞지? 죽여준다. 완전 날아다니잖아!"

한별도 미랑과 크게 다르지 않았다. 한별은 차력을 하는 약장사에게

54

서 눈을 떼지 못하고 있었다. 말리지만 않으면 무릎을 꿇고 제자로 받아달라고 애원이라도 할 태세였다.

지아는 이 갑작스러운 혼란에 놀라기보다는 당황했다. 미랑이 어제 일행을 안내한 곳이 어가행렬이 지나는 장안의 가장 큰 거리였던 반면, 오늘은 간관이라는 직무를 수행하기 위해 장안성 안의 가장 번잡하고 소란스러운 시장통으로 일행을 끌고 온 것이다.

"지아야, 당과 사 올게. 여기 잠시 있어."

"크윽! 지아야, 저쪽으로 가 보자."

미랑과 한별이 양쪽으로 갈라지는 바람에 지아는 길 한가운데 멈춰 서고 말았다. 경호원들 하나 없이 이렇게 좁은 장소에서 이렇게 많은 사람들과 맞닥뜨리는 것이 처음이었기 때문에 밀려드는 사람들을 어떻게 피할지 갈피를 잡지 못했다. 그런 지아의 어깨에 사람들이 연이어 부딪혀왔다.

"아가씨, 조심해요."

"어어어! 길을 막고 서 있으면 어떻게 해?"

길 한가운데 남겨진 지아는 순식간에 밀려드는 인파에 떠밀려 길 한쪽으로 밀려나고 말았다.

"아파."

마침내 어느 건물의 벽까지 밀린 지아는 행인들에게 몇 번이고 부딪힌 어깨를 문지르며 중얼거렸다. 이미 미랑과 한별의 모습은 보이지도 않았다.

지아는 문득 당나라에 온 이후 처음으로 혼자가 된 것을 깨달았다.

수다스러운 한별도, 끊임없이 웃는 미랑도 없었다. 약간 겁도 났지만 오히려 홀가분했다.

"오히려 잘된 일일지도 몰라. 어차피 간관은 내가 아니라 미랑이니까. 한별과 미랑은 성격이 잘 맞으니 둘이서 다니는 게 더 나을 거야. 황궁으로 돌아가면 다시 만날 수 있겠지."

지아는 오랜만에 느껴보는 편안함에 희미한 미소를 짓고는 자신이 등을 대고 선 건물을 돌아보았다. 음식점에서 맛있는 냄새가 풍겨 나오고 있었다. 그제야 지아는 서두르느라 아침도 제대로 먹지 못했다는 것을 깨달았다. 그리고 자신의 품 안에는 환관에게서 받은 비단주머니가 있었다.

"어서 오십시오!"

"이쪽으로 오르십시오. 전망이 아주 좋습니다, 아가씨."

지아를 맞아주는 사람은 발랄한 소년과 염소수염을 기른 뚱뚱한 중년인이었다. 가게의 주인인 듯 보이는 중년인은 자신을 왕삼이라고 소개하며 지아를 2층 자리로 안내했다.

"뭘 드릴까요?"

왕삼의 질문에 지아는 잠시 머뭇거렸다. 고급 중국 요리라면 몇 가지 알고 있었다. 하지만 그것이 과거에도 있는 요리인지, 이곳같이 평범한 식당에서 주문할 수 있는지 확신이 서지 않았던 것이다. 지아의 곤란함을 읽어낸 왕삼은 피식 미소를 지었다. 하지만 비웃음도 잠깐, 그의 얼굴에는 다시 친절을 가장한 미소가 떠올랐다.

"아가씨께서 결정하기 힘드시면 제가 우리 가게에서 잘하는 몇 가지 요리를 권해드리죠. 먼저 부드러운 야채찜과 사천식 동파육이 일품입지

요. 뜨거운 국물이 안에 담긴 소롱포와 돼지고기로 속을 채운 교자, 담백한 잉어요리도 나름 인기가 있습니다. 더욱 격조 높게 드시려는 고객들을 위해서는 항주의 별미인 어두두부회와 소흥 명물인 향고가 준비되어 있습니다. 강남 명물인 금모자배 꽃게찜도 한 마리 확보해 놓았습……."

왕삼은 지아가 듣도 보도 못한 기상천외한 요리이름을 주절주절 잘도 늘어놓았다. 그러면서 자기 가게의 요리는 황제도 자주 와서 먹을 정도라며 금칠을 해댔다.

"간단한 야채찜과 잉어요리로 할게요."

지아는 왕삼의 말을 끊으며 말했다. 난생처음 가게에 혼자 들어와 자

기가 직접 음식을 주문해 봤다는 것 때문에 지아의 기분은 꽤 유쾌했다.

"예. 바로 대령하겠습니다. 조금만 기다리십시오."

평소의 지아였다면 돌아서는 왕삼의 입가에 잠깐 머물렀던 비웃음을 놓치지 않았을 것이다. 하지만 오랜만에 편안한 기분을 되찾은 탓인지 지아는 그의 친절한 목소리만을 듣고 말았다.

"으으! 강한별 이 바보 멍청아! 저따위 것에 정신이 팔려서 지아를 잃어버리다니!"

한별은 자신의 머리를 마구 쥐어박으며 발을 동동 굴렀다. 잠시 차력꾼의 현란한 묘기에 정신이 팔려 있던 사이 지아가 사라진 것이다. 더구나 여긴 핸드폰도 없는 시대, 어디서부터 찾아야 할지 도무지 감이 잡히지 않았다.

"으으으! 나 같은 건 죽어야 해! 아니지, 죽더라도 지아부터 찾은 다음에 죽어야지."

"너무 걱정 마. 장안 사람들은 모두 인심이 좋아서 길 잃은 사람을 푸대접하지는 않을 거야. 게다가 지아는 황제폐하가 주신 금화도 모두 가지고 있잖아. 별일 없을 거야."

미랑의 위로는 한별에게 별 도움이 되지 않았다.

"으이그, 이 바보야. 그러니까 더욱더 걱정이라는 거야. 지아처럼 예쁜 애가 길을 잃고, 더구나 수중에 돈까지 많다면……. 으악! 장안성 안의 모든 악당들이 죄다 노릴 거란 말이야!"

한별은 미랑에게 버럭 소리를 지른 후 두 팔의 소매를 둘둘 걷어 올렸다.

"장안성을 통째로 뒤집는 한이 있어도 찾고야 말겠어."

한별의 비장한 눈빛을 본 미랑은 한 가지 제안을 했다.
"그럼 해 질 녘에 황궁 앞에서 만나기로 하고 갈라지자. 넌 이쪽, 난 저쪽으로 나눠서 찾으면 조금 더 빠를 거야."

당에 온 이후 처음으로 여유 있게 식사를 끝낸 지아는 모처럼 미소를 지었다. 음식도 제법 훌륭했지만 양옆에서 끊임없이 떠들던 한별과 미랑이 없다는 이유가 더 컸다.
"맛있게 드셨습니까?"
지아가 식사를 끝내자 기다렸다는 듯 왕삼이 달려왔다.
"예. 잘 먹었어요. 얼마죠?"
"헤헤헤! 저희 식당이 맛은 좋은데 값이 쪼금 비싸다는 게 흠입지요. 서른 냥입니다."
왕삼은 비굴한 웃음을 흘리며 손가락 세 개를 펴 보였다.
서른 냥이라는 말에 지아는 흔쾌히 고개를 끄덕였다. 지아의 상식으로 당은 은본위 제도(화폐의 기본 단위가 일정량의 은으로 정의되는 화폐 제도를 뜻합니다)를 쓰는 나라, 자신의 품 안에 있는 금화면 충분히 지불하고도 남을 것이라 판단했다.
하지만 누런 금화 한 냥을 건네자 왕삼의 얼굴이 딱딱하게 굳어졌다.
"아가씨가 뭔가 착각하신 모양인데 저희 식당은 은자가 아니라 금자만 받습니다."
왕삼의 말에 이번에는 지아의 얼굴빛이 달라졌다.
"뭐라고요? 하지만······."
"어허! 보아하니 귀한 집 아가씨 같은데 설마 무전취식을 하려는 건 아니겠지? 어디, 얼마나 있는지 한 번 보자. 이리 내!"

지아가 난색을 표하자 왕삼의 말투가 달라졌다. 눈을 잔뜩 부라린 그는 지아의 주머니를 낚아채서는 자신의 손바닥 위에 쏟아냈다. 그러자 십여 개의 눈부신 황금색 금화가 그의 손바닥 위로 떨어졌다.

"오옷! 흠, 이걸로는 부족해. 돈이 없으면 입고 있는 그 비단옷이라도 벗어. 아니면 확 감옥에 집어넣어 버릴 테니까."

왕삼의 입에 떠오른 헤벌쭉한 웃음과 탐욕에 번들거리는 눈동자를 본 순간, 지아는 자신이 사기를 당하고 있다는 것을 알아챘다. 지아의 얼굴이 더할 수 없을 만큼 차가워졌다.

"좋아요. 포졸이든 관원이든 얼마든지 데려와요. 저도 미랑이라는 황실의 간관과 함께 나왔으니 오히려 그 편이 좋겠네요. 요리 두 가지에 금화 삼십 냥이라는 말에 황제께서 뭐라고 하실지 궁금하군요."

차분한 말투와 사람을 압도하는 지아의 눈빛에 왕삼은 뒤통수가 뜨끔해졌다.

'설마 저 어린 아가씨의 말이 사실? 에이, 아니지. 저런 꼬맹이가 무슨 관리겠어? 하지만 만에 하나 사실이라면 위험하잖아. 차라리……'

잠시 갈등하던 왕삼의 눈이 순간 번뜩였다.

"왜, 왜 이래요? 다가오지 마요."

지아는 갑자기 눈을 섬뜩하게 빛내며 자신을 향해 다가오는 왕삼을 피해 슬금슬금 뒤로 물러섰다. 하지만 이곳은 객잔(客棧)의 2층, 지아의 등은 금세 위태로운 난간에 부딪히고 말았다.

"흐흐! 왜 이러냐고? 당연히 네 입을 막으려는 거지. 얼굴이 제법 예쁘장하니 멀리 사천쪽으로 팔아치우면 평생 돌아올 수 없을 거다. 너

정도면 돈도 제법 받을 수 있겠구나."

"놔! 놔요! 놓으라고요!"

지아는 자신의 팔을 움켜쥐는 왕삼의 손을 떨쳐내려고 팔을 흔들었다. 하지만 방 안에서만 생활해 온 지아가 다 큰 어른을 당해낼 수 없었다. 그녀는 이내 양팔 모두를 왕삼에게 붙들리고 말았다.

"놔아!"

"조용히 해!"

왕삼은 비명을 지르는 지아를 때려 조용히 시키려는 듯 손을 허공으로 번쩍 치켜들었다.

"그 손 놔아~!"

그 순간, 객장을 쩌렁쩌렁 울릴 정도의 고함소리가 들려왔다. 왕삼과 지아 둘 다 갑작스럽게 들린 고함에 고개를 돌려 2층으로 오르는 계단을 바라보았다.

"허억허억~ 당장 그 손 놔, 이 뚱땡이야."

2층으로 통하는 계단에 서 있는 사람은 바로 한별이었다. 얼마나 달렸는지 온통 땀과 흙먼지를 뒤집어쓴 채 더운 숨을 몰아쉬고 있는 한별이었지만 왕삼을 쏘아보는 그의 눈빛만큼은 어느 때보다 날카롭게 빛났다.

"하하하! 이 애를 구하겠다고? 어디 네 자신이나 구해 보시지? 얘들아!"

왕삼의 눈에 한별은 그저 가쁜 숨을 헐떡이는 꼬맹이로 보일 뿐이었다. 그는 코웃음을 치며 한별이 버티고 서 있는 계단 아래쪽을 향해 외쳤다.

그의 고함에 점원들이 우르르 2층으로 올라왔다. 하나같이 험악한 얼굴에 커다란 덩치들이었다. 그들의 손에는 약속이라도 한 듯 모양이

제각각인 몽둥이가 하나씩 들려 있었다.

"이 게으름뱅이 녀석들아! 이런 꼬맹이를 멋대로 들이면 어떻게 해? 혼찌검을 낸 후 내다 버려. 난 잠시 매화루에 다녀오마."

왕삼은 점원들에게 지시를 하고는 지아의 팔을 끌어당겼다.

"꺄악!"

"지아야! 안 돼!"

지아의 비명소리에 다급히 앞으로 나가려는 한별의 앞을 점원들이 막아섰다.

"꼴에 사내라고 날뛰긴!"

"네 앞가림이나 하시지."

그들은 한별을 빙 둘러싼 후 비웃음을 흘리며 몽둥이를 휘둘러왔다.

태권도부터 축구, 야구까지 못하는 운동이 없는 한별이었지만 무기를 든 어른 십여 명을 당해내는 것은 불가능한 일, 처음 몇 번의 공격을 용케 막아내던 한별의 입에서 이내 고통에 찬 신음이 새어 나오기 시작했다.

"그만둬! 지아는…… 윽! 끄윽!"

등에, 팔에, 무릎에 몽둥이가 날아들고, 전신에 크고 작은 상처들이 늘어갔지만 한별은 포기하지 않았다.

"지아한테, 손대지 마."

쓰러질 듯 쓰러질 듯 버티며 지아 쪽으로 한 발 한 발 내딛는 한별에게 질린 듯 점원들이 하나둘 손을 멈추고 뒤로 물러섰다.

"이 멍청이들, 누가 멈추라고 했냐, 엉?"

"하지만 왕삼 어르신, 더 때렸다가는 죽을 것 같은데요?"

"누가 그걸 몰라? 네가 죽냐, 쟤가 죽지? 엉? 아님, 네가 내 손에 죽

어 볼래?"

 금방이라도 쓰러질 듯 휘청거리는 한별을 보는 지아의 눈가가 뜨거워졌다. 처음 만났을 때부터 동갑내기 주제에 마치 오빠처럼 자신을 챙기려 드는 한별의 행동 하나하나가 참을 수 없이 짜증스러웠다. 하지만 당이라는 이상한 곳에 떨어진 지금, 목숨을 걸고 자신을 지키려는 그의 행동이 너무나 고마웠다.

 "한별!"

 끝내 지아의 눈에서 투명한 눈물 한 방울이 떨어졌다.

 "지아야, 울지 마. 내가 어떻게든……."

 지아의 눈물을 본 한별이 퉁퉁 부은 얼굴로 애써 미소를 지어 보일 때였다.

 빠악!

 요란한 소리와 함께 단단한 나무로 짠 의자가 한별의 뒤통수에 꽂혔다. 점원들이 머뭇거리자 왕삼이 직접 의자를 들어 한별의 뒤통수를 후려친 것이다. 동시에 애써 미소를 짓던 한별의 얼굴이 고통으로 일그러지며 그대로 바닥에 꼬꾸라졌다.

 "한별아!"

 지아는 왕삼의 손이 잠시 헐거워진 틈을 타 손목을 비틀어 빼고는 한별에게 달려갔다. 그리고는 쓰러진 한별의 고개를 급히 감싸 쥐었다. 그런 지아의 손에 진득하게 피가 묻어 나왔다.

 "지아야! 한별아!"

 이때, 미랑의 높은 비명소리가 들려왔다. 고개를 돌려보니 계단 위에 깜짝 놀란 얼굴의 미랑이 서 있었다.

"넌 또 뭐…… 허억!"

짜증스럽게 말문을 열던 왕삼이 급히 숨을 삼켰다. 깜짝 놀라 토끼눈을 뜬 미랑의 뒤로 영준(英俊)하게 생긴 청년이 함께 올라왔기 때문이었다. 간편한 장포를 입고 있었지만 왠지 모르게 비범해 보이는 청년이었다. 게다가 한 손에는 묵직한 장검까지 들고 있었다.

잠시 움찔했던 왕삼의 입가에는 다시금 비웃음이 걸렸다. 아무리 비범해 봤자 한 사람이었다. 한 손이 열 손 못 당하는 것은 언제나 변하지 않는 진리였고, 그의 옆에는 듬직한 점원들이 버티고 있었다.

"흥! 너도 이 아이의 친구냐? 그럼 사이좋게 나란히 팔아 치우면 되겠구나. 오늘은 밥장사보다 사람장사가 더 잘 되는군."

그의 시선이 이번에는 미랑의 뒤쪽에 서 있던 청년에게로 향했다.

"보아하니 협객놀이에 빠진 철모르는 도련님 같은데 오늘 내가 세상 쓴맛을 알려 주지. 얘들아, 쳐라!"

왕삼의 신호가 떨어지자 점원들이 일제히 미랑과 청년에게로 달려 나갔다.

청년은 미랑을 슬쩍 밀어내고 한 발 앞으로 나섰다. 동시에 그의 손에 들린 검이 초승달 모양의 궤적을 그리며 허공을 갈랐다. 채 검집에서 검을 뽑지도 않은 상태였다.

딱! 따악!

"끄윽!"

"으아악!"

그의 단순한 동작에 점원들은 팔다리를 붙잡고 뒤로 나뒹굴었다.

청년의 손짓 한 번, 발동작 한 번에 점원들이 추풍낙엽처럼 떨어져

나가자 왕삼의 얼굴은 경악으로 물들었다.

"허억! 당신 도대체 누구야? 정체가 뭐야?"

이윽고 모든 점원들을 쓰러뜨린 그 청년은 왕삼의 앞에 서서 말했다.

"내 이름은 장손충이라네. 혹시 들어 봤나 모르겠지만."

왕삼의 눈이 찢어질 듯 부릅떠지더니 다음 순간 털썩 바닥으로 주저앉았다.

"으윽! 장손충이라면 황실 어림군 대장……. 그렇다면 저 꼬맹이가 진짜 황실의…… 끄억!"

"어어! 어르신! 이대로 기절하면 우린 어쩌라고요?"

"으으, 살려 주세요! 저희는 시키는 대로 한 것뿐이에요!"

점원들이 장손충 앞에 꿇어앉아 제발 목숨만은 살려달라고 싹싹 비는 동안 미랑은 지아와 한별에게 달려왔다.

"지아야, 괜찮아?"

"난 괜찮은데 한별이가……."

"어서 궁으로 돌아가자. 궁에는 솜씨 좋은 의원 할아버지들이 많으니까."

미랑의 말에 지아는 힘없이 고개를 끄덕였다.

왕삼 일행을 금부에 넘기는 일을 장손충에게 맡기고 궁으로 돌아온 미랑과 지아는 한별을 황궁 내 약당으로 옮겼다. 다행히 의원이 자리를 지키고 있어 상처를 재빨리 치료할 수 있었지만 한별은 한동안 약당에 머물러야만 했다. 하는 수없이 지아와 미랑만이 숙소로 향했다.

"어떻게 된 거야?"

방으로 돌아오는 도중 지아는 미랑에게 물었다.

"곰곰이 생각을 해 보니까 나 혼자보다는 여럿이서 널 찾는 게 빠르겠더라고. 그래서 황궁으로 달려갔는데 운이 좋게도 길에서 장손대인을 만난 거야. 사정 이야기를 하니까 기꺼이 도와주시더라고. 고마우신 분이야. 멋지기도 하고. 헤헤!"

미랑은 어깨를 으쓱이고는 되물었다.

"그런데 너야말로 어떻게 된 거야? 갑자기 없어져서 한별이랑 내가 얼마나 걱정했다고. 특히 한별은 자책감에 거의 자살이라도 할 분위기였다고."

"그, 그건……."

미랑의 말에 지아는 입술을 꼭 깨물었다. 미안하다는 말을 하고 싶었지만 사과라고는 해 본 적이 없는 지아였기에 이런 상황에서 뭐라고 해야 할지도 몰랐고, 선뜻 입 밖으로 나오지도 않았다.

"아아, 그렇다고 너무 미안해하지 않아도 돼. 결국은 찾았잖아. 다음부터는 내가 손 꼭 잡고 다니면 되지. 사실 나도 당과에 눈이 멀어서 널 잃어버리는 데 한몫했으니까. 우리 서로 용서하기로 할까?"

지아가 머뭇거리자 미랑은 환하게 웃으며 지아의 등을 팡팡, 요란하게 두드렸다.

"그게……."

"괜찮다니까 그러네. 한별이 좀 다치긴 했지만 그 녀석이야 워낙 튼튼하니까 금세 벌떡 일어날 거야. 그치? 너무 맘 쓰지 마. 알았지?"

"하지만……."

"아, 다 왔다. 다 잊고 푹 자자. 내일이면 홀가분해질 거야."

뭐라 말할 틈도 주지 않고 방문을 기세 좋게 열어젖히는 미랑을 보며

지아의 입가에 작은 미소가 걸렸다. 사실 사과할 상대도 없어 어색했던 것도 사실이었다.

'이 아이의 요란하고 낙천적인 성격이 이럴 땐 도움이 되네.'

하지만 지아의 미소는 순식간에 사라졌다. 방 안에는 뜻밖의 인물이 자신들을 기다리고 있었기 때문이었다. 도둑이라도 든 듯 온통 헤집어진 방 한가운데 서 있는 사람은 바로 황태자 이치였다.

"태자저하?"

"이치 태자?"

미랑과 지아는 거의 동시에 외쳤다. 이치는 놀라는 미랑과 지아를 보며 한쪽 입 꼬리를 슬쩍 말아 올렸다.

그 웃음을 보는 순간 지아는 그들의 긴 하루가 아직 끝나지 않았음을 직감했다.

"도대체 왜 이러시는 거예요? 이유나 좀 말해 주세요!"

미랑은 아무 말도 없이 지아와 자신을 다짜고짜 마당으로 끌고 내려온 이치에게 따져 물었다. 자신들의 곁에는 약당에 누워 있어야 할 한별까지 끌려와 있었다. 한별은 아직 의식도 차리지 못한 위중한 상태라 미랑은 단단히 화가 났다.

이 한밤중의 소란에 수많은 궁녀들이 방문 밖으로 고개를 쏙 내밀었다.

"내가 너희들에 대해 알아보던 중 아주 재밌는 사실을 알게 되었지. 저기 저 한지아라는 아이는 궁녀가 아니더구나. 신분이 명확하지 않은 아이가 황궁에 들어온 것은 그 자체로도 극형에 처할 수 있다는 걸 모르지는 않겠지?"

이치가 지아의 신분을 걸고넘어지자 미랑은 입술을 깨물었다. 지아와 한별은 그야말로 하늘에서 뚝 떨어진 존재들, 당연히 이곳에서의 신분이 있을 리가 없었다.

이치의 시선이 이번에는 한별에게로 향했다.

"저 녀석은 황당하더군. 내궁부에 이름이 없는 건 둘째 치고 의원에게 알아보니 환관도 아니더군. 그런데도 버젓이 황궁 안을 활보하다니!"

"그, 그건……. 이 애들은 제 친구들이에요. 말 못할 사정이 있지만 정말 착하고 믿을 수 있는 아이들이거든요. 제가 보증할게요. 믿어 주세요."

곤란함으로 미랑의 얼굴이 잔뜩 일그러지자 이치는 피식 웃음을 터뜨렸다.

"그건 좀 곤란하지. 저들은 국법을 어긴 죄인, 마땅히 그에 상응하는 처벌을 받아야 한다."

"처벌이라면……?"

"태형 30대에 처한 후 궁에서 내쫓겠다. 여봐라, 저들을 묶어라!"

이치의 명이 떨어지자 주변에서 대기하던 병사들이 일제히 달려들어 지아와 한별을 넓적한 형틀에 꽁꽁 묶었다.

"그만두세요! 지아는 몸이 약해서 태형을 감당할 수 없어요. 게다가 한별은 많이 아프다고요. 차라리……."

"차라리?"

이치의 놀리는 듯한 눈빛에 미랑이 굳은 얼굴로 대답했다.

"저 때문에 이곳에 와서 고생하는 친구들이에요. 제가 두 사람 몫의 태형을 받겠어요."

미랑의 말에 사방에서 신음이 들려왔다. 몇 대만 맞아도 며칠간 일어

나지 못할 정도로 태형은 무서운 벌이었다. 그런데 미랑은 두 사람 몫을 모두 맞겠다고 자처한 것이다.

"하하! 네가 태형 60대를 맞겠다고? 그러지 말고 이러는 건 어떠냐? 저 두 사람은 태형 없이 고이 궁에서 내보내 주마. 그 대신 오늘부터 넌 나의 궁녀가 되는 거다."

태자의 제안에 지아를 비롯한 모든 사람들은 깜짝 놀랐다. 그리고 미랑이 당연히 수락할 것이라 예상했다. 할아버지뻘인 황제보다야 젊은 이치의 총애를 받는 편이 훨씬 더 나았으니까. 게다가 상대는 태자로, 다음 대의 황제 자리를 약속받은 사람이었다. 미랑을 걱정하던 궁녀들의 눈에는 이제 부러움이 떠올랐다.

하지만 미랑은 조금의 망설임도 없이 고개를 흔들었다.

"죄송하지만 그럴 수는 없어요. 전 황제폐하의 궁녀예요. 게다가 황제폐하의 간관이 되기로 약속했어요."

이치는 감히 태자인 자신 앞에서 잘난 척 눈을 반짝이는 미랑에게 짜증이 났다.

"흥! 내 호의를 마다하겠다? 좋다, 네 소원대로 해 주마. 여봐라. 저 아이를 묶어라."

"옛!"

병사들은 일사 분란한 동작으로 십자 모양의 형틀에 미랑을 꽁꽁 묶었다.

"내 제안을 거절한 것을 두고두고 후회하게 해 주겠다. 쳐라!"

퍼억!

이치의 말이 끝나기가 무섭게 미랑의 양쪽에 선 병사들이 커다란 곤장을 내려치기 시작했다. 미랑의 허벅지는 금세 퉁퉁 부어올랐다.

퍽!

태형이 열 대가 넘어가자 미랑의 허벅지와 엉덩이에서는 핏물이 터져 나오기 시작했고, 미랑은 거의 정신을 잃어가고 있었다.

혼미한 가운데서도 입술을 꽉 깨물며 비명을 삼키는 미랑을 보는 지아의 가슴이 답답해졌다. 하지만 이대로 보고만 있다가는 60대가 다 끝나기도 전에 미랑이 죽을 것만 같았다. 이치의 미친 짓을 멈추게 할 방법은 자신들에 대해 사실대로 말하는 것뿐이었다.

"그만……."

"멈춰라!"

지아가 막 한 마디를 하려는 순간이었다. 커다란 고함소리가 후원 안을 가득 채웠다. 깜짝 놀라 돌아보니 목소리의 주인공은 황제였다.

후원으로 들어서는 황제의 뒤에는 십여 명의 환관들과 붉은 관복을 입은 중년인, 그리고 조금 전 그들을 도와주었던 장손충이 뒤따르고 있었다.

황제의 등장에 주변은 마치 벌집을 건드려 놓은 듯 소란스러워졌다. 방 안에서 바깥 눈치만 살피던 궁녀들은 일제히 밖으로 뛰어나와 납작 엎드렸고, 곤장을 들고 있던 병사들도 재빨리 무릎을 꿇고 머리를 조아렸다. 세상 무서울 것 없어 보이던 이치도 황제의 얼굴을 보자마자 고양이 앞에 선 쥐처럼 어깨를 움츠렸다.

"아, 아바마마……!"

"이게 뭐하는 짓이냐? 지금 당장 저 아이들을 풀어 주고 자초지종을 설명해 보아라."

황제는 모처럼 마음이 통한 미랑이 초주검이 되어 정신을 잃은 것을 보고는 태자를 노려보며 말했다. 낮은 목소리였지만 그래서 더욱 힘이 실린 음성이었다.

이치가 황제 앞에서 쩔쩔매며 아무 말도 못하는 사이 지아는 재빨리 미랑에게 달려가 그녀의 팔다리를 묶은 굵은 줄을 풀어냈다. 이미 정신이 혼미해진 미랑이 그대로 지아의 품으로 굴러 떨어졌다.

"어허! 답답하군. 지아 네가 어찌된 일인지 말해보도록 하라."

이때, 황제의 음성이 다시 들렸다. 황제의 분노에 잔뜩 얼어붙은 이치가 끝내 입을 열지 못한 것이다.

지아는 자신의 팔에 안겨 힘겹게 신음소리를 내는 미랑과, 쓰러져 있는 한별을 잠시 내려다보았다.

"폐하, 사실 저와 한별은 궁에 속한 사람이 아닙니다. 우연히 궁에 들어온 것인데 미랑이 저희의 사정을 알고 숨겨 준 것입니다."

"으음~."

지아의 말에 황제는 고민스러운 한숨을 내쉬었다. 지아의 경우는 새로이 후궁부에 이름을 올리면 되어 간단히 해결될 문제였다. 하지만 한별의 경우는 조금 달랐다. 환관도, 병사도 아닌 사내가 황궁, 특히 궁녀들이 생활하는 곳에서 함께 지냈다는 것은 매우 심각한 죄로 심하면 목숨을 잃을 수도 있었다. 게다가 덮어 주자니 보는 눈도 너무 많았다.

"폐하께서는 불로불사를 꿈꾸시는지요?"

황제의 고민이 깊어지자 지아가 불쑥 물었다. 이대로 가다가는 궁에서 쫓겨나는 것은 물론이고 위중한 한별과 미랑의 목숨까지 위험했다. 나서기 싫어하는 지아였지만 이번만큼은 어쩔 수 없었다.

지아의 엉뚱한 물음에 황제를 비롯한 모든 사람들의 시선이 지아에게 몰렸다.

"그야 당연한 것 아니겠느냐? 진시황제 이래 모든 황제들은 불로불사의 영생을 추구해 왔느니라."

"하지만 그런 황제들의 허황된 꿈을 이용하려는 사기꾼들이 생겨나기도 했지요. 저들처럼요."

지아의 손가락이 후궁의 한 전각을 가리켰다. 지아의 손짓을 따라 모든 사람들의 시선이 그곳으로 쏠렸다.

"헉!"

그림자 사이에서 누군가의 숨넘어가는 신음소리가 들려왔다.

지아가 그들을 발견한 것은 우연이었다. 태형이 행해지는 것을 차마 보지 못하고 고개를 돌린 지아의 눈에 전각의 그림자 밖으로 고개를 삐죽 내민 도사의 붉은 옷깃이 보였던 것이다. 그런 그들의 어깨 위에는 묵직한 무언가가 담긴 커다란 자루 하나가 걸쳐져 있었다.

황제 역시 도사들을 보았는지 그들에게 손짓했다. 도사들은 어쩔 수 없이 비척비척 불빛이 비추는 후원 마당으로 나섰다. 그들의 얼굴빛은 이미 파리하게 질려 있었다.

"저들이 누군지는 나도 알고 있다. 나의 단약을 만들어 주는 도인들이 아니냐?"

지아는 도사들을 가리키며 다시 한 글자씩 또렷하게 말했다.

"저들이 불로불사의 영약이라고 우기는 약은 싸구려 약재들을 섞어 만든 돌덩이에 지나지 않습니다. 그것을 장기간 먹게 되면 건강해지기는커녕 오히려 수은이나 비소와 같은 중금속에 중독되어 생명이 단축될 뿐입니다. 더구나 그 과정에서 무고한 생명이 희생되기도 합니다."

지아의 말이 끝나기도 전에 황제를 비롯한 모든 사람들의 얼굴이 딱딱하게 굳어졌다. 황제의 죽음이란 그만큼 민감한 이야기였던 것이다.

"흥! 어린 계집아이가 뭘 안다고 단약에 대해 떠드느냐?"

도사들은 슬쩍 황제의 얼굴색을 살피더니 지아에게 큰 소리를 쳤다.

황제가 불편한 표정을 짓자 그 옆에 서 있던 붉은 관복을 입은 중년의 사내가 입을 열었다. 듣는 사람으로 하여금 편안하고 믿음을 주는 목소리였다.

"애야, 저들은 인도에서 오랜 기간 연단술을 공부한 도인들로서 너희같이 어린 아이들은 헤아릴 수조차 없는 지혜를 가지고 있느니라. 친구들을 구하기 위해 황제의 환심을 사려 한 네 마음은 잘 알겠다만 소용없는 짓이다. 너희들은 합당한 벌을 받아야 한다."

"저들이 그토록 대단하면 나와 내기를 해요. 저들이 이기면 나와 한별은 어떤 벌이라도 달게 받겠어요. 하지만 만약 내가 이긴다면 우리를 궁에 머물 수 있게 해 주세요."

지아의 당돌한 말에 황제는 호기심이 일었다.

"호오, 미랑만 배짱이 좋은 줄 알았더니 너도 만만치 않구나. 좋다. 머물 수 있을 뿐만 아니라 너희들이 원하는 건 무엇이든 해 주마. 그래, 뭘 어떻게 하자는 것이냐?"

황제의 한 마디에 내기는 성립되었다.

"제 요구는 아주 간단해요. 저들의 어깨에 멘 그 자루를 풀고 그 안에 든 것을 보여 주세요. 만약 그 안에 정말로 약재가 들어 있다면 두

말 않고 제가 진 것으로 하지요."

지아의 말에 모든 이들의 시선이 도사들을 향했다. 그리고 눈빛으로 어서 자루를 풀라고 재촉했다.

"그, 그건, 그러니까……."

하지만 도사들은 지아의 요구를 쉬 들어주지 못했다.

"뭣들 하느냐? 어서 풀어 보아라."

도사들이 꾸물거리자 황제가 직접 나서서 그들을 채근했다. 그러자 도사들은 더 이상 버티지 못하고 슬그머니 자루를 바닥에 내려놓았다.

"헉! 이런 괴이한 일이……!"

벌어진 자루의 주둥이 밖으로 튀어나온 것은 정신을 잃고 축 늘어진 어린 궁녀의 상반신이었다. 황제를 포함해서 후원에 모여 있던 모든 사람들은 깜짝 놀라 경악했다.

"이제 제 말을 믿으시나요?"

궁녀들은 놀라 훌쩍였고 병사들 사이에서도 웅성거림이 일었다. 특히 황제의 얼굴은 참담하게 일그러졌다. 지아의 말대로라면 자신 때문에 어린 소녀들이 희생된 것이다.

"말하라. 누가 너희같이 요망한 것들을 궁 안에 들였느냐?"

황제의 분노한 시선을 받은 도사들의 얼굴이 순간 핼쑥해졌다.

"그, 그건……."

도사들은 대답 대신 흡사 누구의 눈치를 보는 듯 눈동자를 이리저리 돌렸다. 지아의 시선도 그들의 눈동자를 따라갔다.

슈웅!

막 도사들의 시선이 어느 한 방향으로 향하려는 순간, 화살이 바람을

가르는 날카로운 소리가 들려왔다.

"누구냐!"

"황제폐하를 지켜라!"

장손충을 비롯한 호위무사들이 분분히 칼을 빼들고 황제의 앞을 막아섰지만 화살의 목표는 다른 사람이었다.

푸욱!

"끄으윽!"

강철 화살에 각각 가슴과 목이 관통당한 도사들은 신음을 흘리며 그 자리에서 숨을 거두었다.

"이런! 누가?"

당황한 사람들이 사방을 둘러보았지만 범인의 흔적은 그 어디에도 보이지 않았다.

우르르르 콰앙!

동시에 요란한 소음과 함께 멀리서 전각 하나가 자욱한 흙먼지를 피워내며 통째로 무너지는 것이 보였다. 둥근 지붕의 천단전이었다.

"이런……!"

황제와 지아의 얼굴이 각각 다른 이유로 일그러졌다. 황제는 지아의 말이 사실임을, 그리고 자신이 먹던 단약이 사실은 치명적인 독임을 깨달았기 때문이었고, 지아는 집으로 돌아갈 수 있는 거울이 있던 전각이 무너졌기 때문이었다.

4장_ 음모에 휩쓸리다

"우와! 그런 일이 있었군요. 태자저하와 지아가 큰일을 해냈네요."
뒤늦게 정신을 차린 미랑은 손뼉을 치며 좋아했다. 이미 황제의 명으로 일행과 이치는 약당으로 자리를 옮긴 후였다. 황제 주변에는 장손무기와 장손충을 비롯한 수많은 궁녀들과 환관, 병사들이 둘러서 있었다.
"응? 도사들의 정체를 밝힌 지아는 맞는 말이지만 이치는 왜?"
황제는 미랑의 엉뚱한 말에 고개를 갸웃거렸다.
"그렇잖아요? 물론 지아가 도사들을 발견한 것도 대단하지만 이치저하가 오늘 저희들을 혼내시는 바람에 도사들과 마주칠 수 있던 거고, 또 그들이 가짜라는 게 밝혀진 거잖아요. 그러니 황제폐하의 목숨을 구한 건 엄밀히 말해 태자저하라고 할 수 있죠. 게다가 저희들도 당당히 궁에 머물 수 있게 되었으니 이 모두가 태자저하 덕이죠."

미랑의 환한 미소와 다소 엉뚱한 설명에 황제는 그만 피식 웃음을 터뜨리고 말았다.

"뭐라고? 하하하! 네 말이 맞다. 이 모든 게 이치의 공이로구나."

미랑은 미처 몰랐지만 수나라의 황권을 찬탈한 아버지, 즉 당고조에 이어 황제가 된 태종이 가장 중요하게 생각한 것이 바로 용서와 화합이었다. 그런데 미랑은 자연스럽게 자신들의 공을 이치에게 양보함으로써 얼렁뚱땅 이치를 주인공으로 만들었던 것이다. 황제는 지아의 총명함과 미랑의 마음씀씀이, 그리고 지아를 구하기 위해 온몸을 던진 한별이 무척 마음에 들었다.

한바탕 유쾌하게 웃던 태종은 모든 사람들이 들을 수 있도록 큰 소리로 외쳤다.

"모두 듣거라. 오늘부터 미랑을 사품(四品) 미인(美人)으로 봉하고 감로전을 이 아이들의 처소로 하사하노라. 또한 미랑은 짐의 간관이기도 하니 이 점 명심하여 다시는 이 아이들을 핍박하지 말도록 하라."

"예~!"

궁녀들과 환관, 호위무사들은 일제히 허리를 깊이 숙이며 길게 대답했다.

"……"

단 한 사람, 미랑에 의해 억지로 주인공이 된 이치만이 매서운 눈길로 황제와 미랑을 쏘아볼 뿐이었다.

와장창!

태쟈의 거처인 동궁전, 이치는 씩씩 더운 숨을 몰아쉬며 도자기와 황금 잔, 값비싼 문인들의 서화 등을 손에 잡히는 대로 내던졌다.

이때, 누군가 문을 열며 안으로 들어섰다.

"나가! 나가라고! 누구도 들이지 말라는 내 말이 말 같지 않으냐?"

이치는 뒤돌아보지도 않고 손에 들고 있던 도자기를 냅다 내던졌다. 하지만 안으로 들어선 사람은 가볍게 손을 뻗어 그것을 받아내고는 조심스레 탁자 위에 올려놓았다.

"허어, 이것은 신라에서 진상한 귀한 청자가 아닙니까? 구하기도 힘든 것인데 함부로 던지면 안 되죠."

발랄하면서도 진중한 목소리가 들리자 이치는 흠칫 고개를 돌렸다. 문 앞에 서 있는 사람은 다름 아닌 장손충이었다.

"형!"

이치는 반가운 목소리로 그를 불렀다. 장손충은 장손무기의 아들로 이치에게는 사촌형이 되었다. 더구나 나이도 비슷하여 어렸을 때부터 이치에게는 친형과 다름없는 존재였다. 그의 얼굴이 이내 환해졌다.

"허허허. 우리 태자저하께서 뭔가 단단히 화가 나셨나보군요."

"그, 그것이……."

"듣자하니 아까 그 궁녀를 이곳으로 데려오고 싶으셨다고 하더군요."

황제의 앞에서는 주눅이 들어 말 한 마디 제대로 못하는 이치가 궁에서 유일하게 마음을 열고 진심을 내보이는 상대가 바로 장손충이었다. 이치는 어깨를 떨어뜨리며 한숨을 쉬었다.

"하지만 이제 다 틀렸어. 아바마마께서 직접 후궁에 봉하셨잖아."

"하하! 그리 풀죽지 않으셔도 됩니다. 사내가 궁녀 하나쯤 탐낼 수도 있지요. 그리고 황제께서 그 아이를 여인으로 대하시는 게 아니라 딸같이 아끼시는 것이니 방법을 찾으면 아예 불가능하지는 않을 것입니다."

장손충의 말에 시무룩하던 이치의 눈동자가 모처럼 생기를 띠었다.

"정말?"

"언제 제 말이 틀린 적이 있습니까? 그 대신 제가 시키는 대로 하셔야 합니다. 아시겠지요?"

미랑과 지아의 새로운 숙소인 감로전은 에메랄드빛 연못을 가진 전각으로 후궁 안에서도 아름다운 곳으로 이름이 높았다.

"우와아!"

뒤늦게 정신을 차린 한별을 끌고 감로전으로 들어가기 위해 연못 위의 다리에 올라선 미랑의 입에서는 자신도 모르게 탄성이 터져 나왔다.

"예쁘다."

웅장한 조양전에서도 담담하던 지아조차 감로전의 아기자기한 아름다움에 가볍게 감탄사를 터뜨렸다.

감로전의 내부 역시 예쁘기는 마찬가지였다. 투명한 듯 뽀얀 진주를 줄줄이 엮어놓은 주렴은 산들바람이 불 때마다 차르르, 기분 좋은 소리를 내며 흔들렸고, 검은 옻칠을 한 가구들은 오색이 반짝이는 자개로 꾸며져 있었다. 거기에 사방 벽에는 이름난 여류 묵객들의 수려한 산수화와 화병도가 걸려 전각을 더욱 기품 있게 만들었다.

"마음에 드느냐?"

지아와 미랑이 정신없이 감로전을 구경하고 있으려니 등 뒤에서 굵직한 목소리가 들렸다. 급히 돌아보니 황제가 빙긋 미소를 지으며 전

각 입구에 서 있었다.

지아는 서둘러 미소를 감추고 자세를 바로잡았다. 하지만 미랑은 황제를 보자 아까보다 더욱 환하게 웃으며 팔짝팔짝 황제에게 달려갔다.

"네! 너무 마음에 들어요."

미랑의 요란한 치사에 기분이 좋아졌는지 황제는 탁자에 앉으며 호탕한 웃음을 터뜨렸다.

"하하! 어디, 새 주인에게 차라도 한 잔 얻어 마셔 볼까?"

황제의 웃음은 미랑이 내온 차를 한 모금 입에 댄 순간 싹 지워지고 말았다.

"윽! 좀 쓴가요?"

"좀이 아니다. 쓰고 떫어 혀가 다 아리구나. 무슨 독약이라도 탄 줄 알았다."

황제의 타박에도 미랑의 씩씩함은 여전했다.

"차는 처음 타 본단 말이에요. 처음부터 잘 하는 사람이 어딨어요? 그래도 처음이 이 정도로 엉망이니까 나중에 점점 좋아지는 보람도 대단할 거라구요. 기대하세요."

미랑의 자신만만한 말에 황제는 또다시 빙긋 미소를 지었다.

"하하! 좋아. 기대하마. 내 자주 와서 네 차 맛을 품평해 주지."

황제와 미랑, 지아가 한참 전각 안에서 담소를 나눌 무렵, 한별은 전각 밖으로 걸어 나왔다. 밖에는 황제를 호위하기 위해 따라온 장손충과 어림군 병사들이 서 있었다.

"강한별이라고 했던가? 몸은 좀 괜찮나?"

장손충은 우물쭈물하며 다가오는 한별에게 먼저 말을 걸었다.
"예. 그런데 부탁이 하나 있어요."
한별은 말을 꺼내기가 힘든 듯 입술을 질근질근 씹으며 말했다. 장손충도 그의 심각함을 눈치챈 듯 미소를 지우고 말했다.
"뭔데? 말해 보거라."
한별은 한동안 고민하다가 별안간 장손충의 앞에 털썩 주저앉았다.
"어어? 왜 그래?"
"제게 싸우는 법을 가르쳐 주세요. 강해지고 싶어요. 저는……."
말을 끝내지 못한 채 입술을 질끈 깨무는 한별을 가만히 내려다보던 장손충의 입가에 미소가 지어졌다.
"하하! 지아라는 아이를 네 손으로 지키지 못한 것이 끝내 안타까웠던 모양이구나. 사내라면 마땅히 마음에 담은 사람쯤은 스스로 지킬 줄 알아야지. 좋아, 널 어림군의 후보로 받아 주마."
장손충은 흔쾌히 허락하고는 한별을 일으켜 세워 주었다.

"후우. 완전히 폭삭 무너졌네."
다음 날, 미랑과 함께 무너진 전각의 잔해를 바라보던 지아는 드물게 한숨을 푹 내쉬었다.
"거울이 무사하길 바라는 건 무리겠지?"
미랑 역시 한숨을 푹 내쉬었다. 지아가 얼마나 집으로 돌아가고 싶어 하는지 알고 있는 까닭이었다.
"한별에게나 가보자."
미랑은 아쉬운 얼굴의 지아를 끌고 어림군들이 훈련하는 연무장으로 발을 옮겼다. 하지만 둘에게 돌아온 것은 입구를 지키고 있던 병사들의 완강한 거절이었다.

"후보생들은 훈련이 끝날 때까지 그 누구도 만날 수 없다."

"하지만 벌써 보름이나 못 본 걸요. 잠깐만 만나보면 안 돼요?"

무뚝뚝한 표정의 병사에게는 황제에게도 통하는 미랑의 필살기조차 통하지 않았다. 할 말을 마친 그는 미랑의 말에 대꾸조차 하지 않았다.

하는 수 없이 미랑과 지아는 뒤돌아설 수밖에 없었다. 그와 동시에 두 사람은 그 자리에 멈춰 서야만 했다.

"또 만나는구나."

"태자저하!"

돌아선 둘의 앞을 막아선 사람은 바로 이치였다.

"너무 겁내지 마라. 너희와 나의 인연도 보통은 넘는 것 같아 이렇게 차라도 한 잔하려고 부른 것뿐이니까."

호숫가 정자에 차려진 다과상을 사이에 두고 이치와 마주앉은 지아는 자신과 미랑에게 차를 권하는 이치를 수상한 눈길로 바라보았다.

하지만 미랑은 이치의 말을 넙죽 믿는 눈치였다. 그녀는 이치가 따라 준 찻잔의 차향에 그저 감탄하기 바빴다.

"와! 냄새가 너무 좋아요. 어떻게 하신 거예요?"

"복잡하지 않아. 그저 찻물을 조금만 식히면 돼."

"그렇구나. 전 그런 줄도 모르고 팔팔 끓는 물만 부었네요. 다음부터는 태자저하가 말씀하신 대로 해 봐야지. 황제폐하께서 종종 놀러 오신다는데 차는 정말 자신 없거든요."

85

미랑은 차를 한 모금 마시려고 찻잔에 입을 댔다. 하지만 지아가 한 발 빨랐다.

"왜?"

미랑은 지아가 자신의 손목을 잡자 의아한 듯 바라보았다. 하지만 지아의 시선은 이치를 향해 있었다.

"내가 독이라도 탔을까 봐?"

"황궁이란 원래 음험한 곳이라고 알고 있으니까요. 조심해서 나쁠 건 없죠."

이치는 지아의 경계에 피식 웃음을 지었다.

"좋아. 네 말대로 이곳은 음모와 계략이 넘쳐나는 황궁이니까."

이치는 선뜻 고개를 끄덕이고는 미랑의 손에서 찻잔을 받아들었다. 그리고는 단번에 꿀꺽 마셨다. 그 대신 자신의 앞에 놓였던 잔을 미랑에게 밀어 주었다. 지아는 그제야 미랑을 잡고 있던 손을 풀어냈다.

"죄송해요, 태자저하. 지아가 워낙 조심성이 많아서……."

"아니, 신중함이란 아주 중요한 거다. 너도 궁 안에서 오래 살아남고 싶으면 친구에게 한 수 배워둬."

이치는 정말 아무렇지도 않다는 듯 빙긋 웃으며 미랑과 지아에게 재차 차를 권했다.

다시 거절할 명분도 없거니와 미랑의 말대로 차향이 너무 좋아 지아도 차를 한 모금 마셨다. 차는 기대 이상이었다.

"어때? 맛있지? 멀리서 구해온 용정차야. 이따가 챙겨줄 테니 아바마마께도 대접하라고."

"고마워요."

"잊지 말고 내가 드렸다고 꼭 말씀드려야 한다. 알았지?"

"하하! 알았어요."

미랑과 이치는 절친한 친구라도 된 듯 유쾌하게 대화를 주고받았다.

지아는 다시 한 번 미랑의 친화력에 놀랐다. 미랑과 잠시만 함께 있으면 누구라도 금세 마음을 열고 친구가 되는 것 같았다. 그것은 미랑이 누구든 잘 믿고 먼저 마음을 열기 때문일 것이다.

지아의 머릿속에 문득 미랑과 비슷한 한 사람의 얼굴이 떠올랐다. 오랜 기간 자신의 구박에도 웃어넘기며 포기하지 않고 자신의 곁을 지켜 주는 사람, 바로 한별이었다.

'어? 갑자기 왜 이러지?'

한별을 생각하던 도중 머리가 핑 도는 현기증이 밀려오자 지아는 자신도 모르게 고개를 돌려 이치를 바라보았다. 그러자 한쪽 입 꼬리를 올리며 잔뜩 비웃음을 짓는 이치가 보였다.

"어지럽지? 미혼약이 다 그래."

"미혼약이요? 하지만 함께 먹었잖아요?"

미랑의 말에 이치는 자신의 앞에 놓인, 원래는 미랑의 것이었던 찻잔을 들어보였다.

"네 친구가 조심성이 많다는 건 익히 알고 있거든. 그래서 나도 잔꾀 좀 부려 봤지. 네 꾀에 네가 넘어간 셈이니 날 원망하지는 마."

이치의 조롱 어린 말에 지아의 얼굴은 참을 수 없는 모욕감으로 벌게졌다. 하지만 뭐라 화를 낼 틈도 없이 미혼약의 기운이 온몸으로 퍼졌다.

우당탕!

탁자를 짚고 있던 지아의 손에 힘이 풀리며 지아의 몸이 바닥으로 허

물어졌다.

"지아야!"

미랑이 그런 지아를 움켜잡으려 손을 내뻗었지만 그녀 역시 미혼약 때문에 몸을 가눌 수 없었다. 간신히 지아의 소매를 움켜쥔 미랑도 결국은 털썩 쓰러져 버리고 말았다.

"후후! 멍청한 것들. 준다고 덥석덥석 받아먹다니."

약에 취해 몽롱해진 지아의 귓가에 이치의 차가운 목소리가 내려앉았다. 희미해지는 의식 속에 지아는 한 사람의 이름을 되풀이하며 외쳤다.

'한별!'

"강한별! 네가 가장 열심이구나."

"감사합니다."

한별은 장손충의 말에 기분 좋은 미소를 지었다. 고된 훈련 직후라 땀투성이에 흙먼지를 뒤집어쓴 한별이지만 장손충의 칭찬은 언제 들어도 기뻤다.

"지킬 게 있는 사람은 강해지기 마련이지. 아차, 오늘 낮에도 친구들이 찾아왔었다고 하더구나. 오늘도 못 봤느냐?"

"그야 뭐, 훈련기간이니까요."

한별은 뒤통수를 긁적이며 씩 웃었다. 하지만 자신도 모르게 어깨가 시무룩이 떨어지는 것은 어쩔 수가 없었다.

"녀석, 그렇게 대놓고 실망하면 내가 뭐라도 해 줘야 할 것 같잖아. 으음, 그럼 잠깐 얼굴이라도 보고 올래?"

"예? 하지만 훈련은요? 끝나기 전에는 나가지 못한다고……."

"흐흐흐! 이 형님이 딱 한 번만 눈감아 주마. 그 대신 달이 뜨기 전에는 꼭 돌아와."

장손충의 말에 한별은 함박웃음을 지었다. 지아와 미랑을 볼 수 있다는 기대감만으로도 피곤이 싹 달아나는 것 같았다.

"이 은혜 잊지 않을게요!"

한별은 장손충에게 넙죽 고개를 숙이고는 그대로 훈련소 입구를 향해 달리기 시작했다. 그의 뒷모습을 보던 장손충의 눈빛이 순간 번뜩였다.

"으음, 고얀 녀석들이로구나. 황제가 행차했는데 얼굴도 내밀지 않다니."

말과는 다르게 감로전 안으로 들어서는 황제의 얼굴에는 장난기가 가득했다. 그 스스로가 미랑과 지아를 놀라게 하려고 환관 하나 대동하지 않은 채 몰래 찾아온 것이었다.

하지만 기대와는 다르게 읽고 있던 책들과 향긋한 냄새가 솔솔 풍기는 찻주전자가 어지럽게 놓인 탁자만이 황제를 반겨줄 뿐, 정작 미랑과 지아는 보이지 않았다.

"이 녀석들, 어딜 놀러간 거야?"

황제는 피식 웃으며 찻주전자를 만져 보았다. 따끈한 것이 딱 먹기 좋은 온도였다. 마침 갈증이 인 황제는 탁자 위에 놓인 작은 찻잔에 차를 쪼르륵 따랐다. 갓 볶아낸 녹차, 그것도 최상품의 향기가 전각 안에 가득 퍼졌다.

"으음~ 녀석들! 그새 다도라도 배웠나. 차향이 아주 제법이군."

황제는 차를 한 모금 음미하며 흐뭇한 미소를 지었다.

"맛이 제법이지요?"

바로 그때였다. 붉은 관복을 차려입고 화려한 새가 수놓아진 가죽 장화를 신은 중년인이 전각 안으로 들어서며 물었다. 듣기 좋은 중저음의 목소리는 틀림없이 장손무기의 음성이었다.

갑작스러운 방문객에 잠시 놀란 듯 어깨를 움찔하던 황제의 얼굴에 반가운 미소가 번졌다.

"하하! 처남 아니신가? 어딜 갔다가 이제 오시나? 자자, 이리 와서 차라도 한 잔……."

하지만 황제는 말을 끝내지 못했다. 정신이 아득해지며 아찔한 현기증이 밀려든 것이다. 황제는 다급히 탁자를 짚어 간신히 비틀거리는 몸을 세우며 의혹과 불신 가득한 눈으로 장손무기를 바라보았다.

"이, 이게 어떻게 된 것인가? 설마 독?"

말하는 순간에도 점점 더 의식은 흐려져만 갔다. 그런 황제의 귀에 장손무기의 웃음기 어린 음성이 들려왔다.

"하하하! 설마라니요. 제가 얼마나 오랫동안 계획한 것인데요. 황실 의원들 몰래 그 독을 들일 방법을 찾느라 허비한 세월만 벌써 10년이 넘는답니다. 게다가 많은 돈을 들인 도사들도 허무하게 죽어 버렸으니 이번엔 꼭 성공해야지요."

"뭐, 뭐야?!"

황제는 분노했다. 아들보다도 더 믿었던 처남에게 배신을 당한 것이다. 하지만 이미 독은 그의 골수까지 파고들어 시야까지 흐릿해지기 시작했다.

"오래 걸리지 않을 겁니다. 꽤 강한 독이니까요. 이게 다 폐하께서 너무 건강하셔서 그런 거 아닙니까? 고구려와의 전쟁에서 죽을 줄 알

앉는데 이렇게 쾌차하시니 직접 손을 쓸 밖에요. 저도 나이가 있는데 영원히 기다릴 수는 없는 것 아니겠습니까. 다음 황제의 재목도 이치보다야 우리 아들인 충이가 훨씬 더 낫고. 폐하께서도 늘 말씀하지 않으셨습니까? 이치가 충이의 반만 닮아도 좋겠다고.

아, 그리고 폐하께 독을 쓴 범인은 바로 이곳에 있던 아이들이 될 겁니다. 딸처럼 아끼셨던 것 같은데 저승길도 함께 가셔야지요."

정신을 잃기 전 마지막으로 들려온 장손무기의 말에 황제는 신음했다. 마냥 밝은 미소만을 보여 주는 미랑과 어딘지 아픔을 간직한 듯한 깊은 눈매의 지아의 모습이 흐릿해지는 망막 위에 선명히 떠올랐다.

"아, 안 돼, 그 아이들은……."

절박한 신음과 함께 황제의 몸이 옆으로 기울었다. 그와 동시에 탁자 위의 물건들이 와르르 황제의 몸 위로 쏟아져 내렸다.

"……지아야…… 지아야! 정신 차려!"

끊임없이 어깨를 흔들며 자신의 이름을 불러대는 소리에 지아는 간신히 정신을 차렸다. 눈을 뜨자마자 머리가 깨질 듯한 두통이 엄습해 왔다. 코끝에 감도는 다향이 그나마 두통을 어느 정도 가라앉혀 주었다.

"아야!"

지아는 이마를 짚으며 간신히 몸을 일으켰다. 그러자 걱정스러운 눈동자로 자신을 바라보고 있는 한별이 보였다.

"어? 한별?"

훈련장에 있어야 할 한별이 보이자 지아는 고개를 갸웃거렸다. 하지만 한별의 얼굴은 심각했다. 그는 지아가 깨어나는 것을 보자마자 말했다.

"지아야, 일이 이상하게 돌아가고 있어."

"뭐가 이상하다는 거야?"

지아의 물음에 한별은 대답 대신 탁자 옆 바닥을 가리켰다.

한별의 손가락이 가리키는 방향을 따라 눈을 돌리던 지아는 자신들이 어느새 감로전으로 돌아와 있음을 깨달았다. 그리고 그녀의 눈이 최종적으로 멈춘 그곳에는 바닥에 쓰러져 신음하는 누군가가 보였다. 바로 황제였다. 자신도 모르게 비명이 튀어나왔다.

"꺄악! 폐하?!"

간신히 정신을 차린 미랑도 깜짝 놀라 황제의 옆에 털썩 주저앉았다.

"폐하! 정신 차리세요! 이게 어떻게 된 일이에요?"

"미랑이냐?"

미랑과 지아가 어깨를 마구 흔들자 황제는 간신히 눈을 떴다. 하지만 그의 숨소리는 금방이라도 끊어질 듯 거칠고 불규칙했다. 설상가상 그의 입가에서는 붉은 피가 가늘게 흘러내리고 있었다. 불길했다. 무언가 커다란 사건에 휘말린 것만 같았다.

"폐하! 정신 차리세요. 지금 당장 어의를……."

다급히 일어서려는 미랑을 황제의 힘없는 팔이 저지했다.

"아니, 난 이미 틀렸다. 미랑, 늦기 전에 꼭 해 줄 말이 있으니 잘 들어라."

"하, 하지만 폐하……."

울먹이며 어쩔 줄 모르는 미랑에게 황제는 희미한 웃음을 보였다. 그 웃음이 마지막이 되리라는 것을 직감한 미랑은 감히 그의 말을 끊지 못했다.

"미랑아, 세상에서 가장 무서운 것은 귀신도 아니고 도깨비도 아닌

사람이니라. 그것도 가장 가까운 사람. 내 모든 궁녀들에게 자유를 줄 것인 즉, 미랑과 지아 너희들도 궁이라는 새장을 벗어나 창공을 날거라. 그리고 사람을 보고 세상을 배우며 자유롭게, 살아…….”

황제는 미랑의 손에 무언가를 쥐어주며 스르륵 눈을 감았다. 분노마저도 지워진 그의 얼굴은 평온하기 그지없었다.

“으허어엉~ 폐하!”

그의 숨이 완전히 멎은 것을 확인한 미랑은 황제의 시신을 끌어안고 오열했다. 마냥 밝게 웃던 미랑의 눈물이라 더욱더 안타까웠다. 지아도 차오르는 눈물을 참지 못하고 고개를 돌렸다.

“얘들아, 지금 이럴 때가 아닌 것…….”

“폐하께서 쓰러지셨다!”

“역적 미랑과 지아를 잡아라!”

순간 한별의 말을 끊으며 요란한 발소리와 커다란 함성이 들려왔다. 깜짝 놀라 고개를 들어보니 날카로운 창을 든 수백 명의 병사들이 흙먼지를 뿌옇게 피우며 달려오고 있었다. 아담한 전각인 감로전은 순식간에 수많은 병사들로 포위되었다.

뒤이어 피처럼 붉은 관복을 입은 기품 있는 장손무기가 전각 안으로 들어서며 근엄한 목소리로 외쳤다.

“황제를 독살한 간악한 대역죄인 무미랑은 어서 나와 오라를 받아라.”

“역, 역적이라니요?”

황제의 죽음 때문에 그렇지 않아도 정신이 없던 세 사람은 역적이라는 말에 숨이 멎을 지경이었다.

“잠깐!”

이때 또 다른 한 사람이 병사들을 헤치고 전각 안으로 뛰어들었다. 바로 태자인 이치였다. 다급히 달려온 듯 잔뜩 흐트러진 모습의 그는 황제의 시신을 안고 있는 미랑을 깜짝 놀란 눈으로 바라보았다.

"이게 어떻게 된 일이냐? 설마 너, 네가?"

"아니에요, 태자저하. 저희도 모르는 일이에요. 정신을 차려 보니 황제폐하는 이미……."

미랑이 이치에게 막 사정을 설명하려 할 때였다. 장손무기가 병사들을 향해 버럭 고함을 쳤다.

"역적 주제에 무슨 할 말이 있느냐? 긴 말 필요 없다! 당장 황제를 독살한 저 둘의 목을 쳐라!"

병사들은 장손무기의 명령이 떨어지자 기다렸다는 듯 허리에서 긴 칼을 뽑아들고는 성큼성큼 전각 안으로 걸어 들어왔다. 지아는 당장이라도 그 칼 아래 목이 달아날 것만 같아 두 눈을 질끈 감았다.

"잠깐만요."

바로 그때, 옆에서 미랑의 목소리가 들렸다. 슬쩍 눈을 떠 보니 어느새 황제의 시신을 내려놓고 앞을 막아선 미랑의 뒷모습이 보였다. 그런 미랑의 손에는 금빛 찬란한 작은 칼 한 자루가 들려 있었다.

"이건 폐하께서 주신 황금보도예요. 이것이 있으면 어떤 죄를 저질러도 목숨만큼은 구할 수 있어요."

그제야 지아와 한별은 그 칼이 황제가 숨을 거두기 전 미랑에게 쥐어 준 물건임을 알아차렸다. 그리고 그 물건이 얼마나 대단한 물건인지도.

미랑의 말에 장손무기의 표정이 일순 굳어졌다. 아니, 미랑이 입을 열기도 전, 그녀의 손에 들린 칼을 보며 이미 얼굴을 찌푸린 그였다.

하지만 긴장감도 잠시, 이내 그의 입가에는 비웃음이 걸렸다.

"흥! 아무리 황금보도라도 대역죄인만큼은 빠져나가지 못한다."

장손무기가 막 병사들에게 미랑과 지아의 참수를 명하려는 순간이었다. 이치의 눈에 병사들의 뒤편에서 느린 걸음으로 다가오는 장손충의 모습이 보였다. 황제가 죽었는데도 그의 얼굴은 태연자약하기만 했다. 마치 이런 일이 일어날 줄 알고 있었다는 듯했다. 그의 뇌리에 장손충의 말이 스쳐 지나갔다.

"미랑과 지아를 잠시 감로전 밖에 묶어 두십시오. 그 뒤는 제가 다 알아서 하지요."

"그렇게만 하면 돼?"

"하하! 이 장손충이 거짓말하는 걸 보셨습니까? 미랑뿐 아니라 천하를 가져다 드리지요."

장손충은 말 그대로 천하를 주었다. 자신이 결코 원하지 않았던 방법으로. 그리고 그 수혜는 자신이 아닌 장손충 본인과 그 아버지인 장손무기가 될 것이다.

이치의 입에서 다급한 외침이 터져 나왔다.

"잠깐!"

장손무기는 느닷없는 이치의 외침에 잠시 말을 중단했다.

"네 말대로 죽이지는 못하지. 하지만 죽는 게 낫다고 생각하게 만들어 줄 수는 있다. 저들을 가장 멀고 힘한 곳으로 유배 보내도록 하라."

이치의 갑작스러운 행동에 잠시 당황한 빛을 보이던 장손무기도 이내 고개를 끄덕였다. 상대는 나이어린 꼬맹이 셋, 변방의 오지로 유배 보내는 것이나 죽이는 것이나 별반 차이가 없었다.

주변 병사들은 장손무기가 가볍게 고개를 끄덕이자 세 사람의 팔을 강하게 붙들고 감로전 밖으로 끌고 나왔다.

"가자!"

셋이 막 감로전을 떠나기 직전, 미랑은 이치의 앞에 잠시 발을 멈추었다. 그리고는 그의 눈을 똑바로 바라보며 말했다.

"죽는 게 낫다고 생각할 거라고요? 그렇지 않아요. 전 무슨 일이 있어도 살겠어요. 살아서 황제폐하의 말씀처럼 반드시 자유로워지겠어요."

자신을 아껴 주던 황제를 잃은 슬픔으로 맑은 눈물을 주룩 흘리면서도 조금의 떨림도 없는 또렷한 목소리로 자신의 의지를 밝히는 미랑의 당당한 모습에 이치의 눈동자가 잠시 흔들렸다.

하지만 그것도 잠시, 미랑의 뒷모습을 힐끔 돌아보는 그의 얼굴에는 특유의 냉소적인 표정이 떠올랐다.

"자유? 꿈꾸는 것은 자유다만 그것을 너무 믿지는 말아라. 꿈이 아름다울수록 깨어나면 현실은 훨씬 지독한 악몽으로 다가오니까."

그런 이치를 바라보는 장손충의 눈동자가 뱀처럼 번뜩였다.

하루 중 가장 어두운 것은 한밤중이 아니라 오히려 새벽이 오기 직전이었다.

시체만이 나갈 수 있다는 좁고 어두운 황궁의 북문(北門) 밖에는 사방이 두꺼운 창살로 둘러쳐진 마차가 한 대 서 있었다. 그리고 그 앞에는 비단 당의를 빼앗기고 거친 마의로 갈아입혀진 지아와 미랑, 한별이 서 있었다. 병사들은 혹여 그들이 달아날까 이중, 삼중으로 마차와 세 사람을 포위한 채 날카로운 창끝으로 그들을 겨누고 있었다.

"죄인들은 속히 마차에 오르라!"

이윽고 병사들 가운데서 가장 높은 사람이 소리치자 병사들은 창끝으로 등을 찔러댔다. 셋은 떠밀리듯 마차에 올랐다.

철컹!

차갑고 묵직한 쇳소리와 함께 마차의 쇠문이 굳게 닫혔다. 뒤이어 차르르르, 굵은 쇠사슬이 창살 사이로 단단히 감겨졌다. 이윽고 준비가 끝나자 마차는 서서히 움직이기 시작했다.

간밤의 충격이 아직 가시지 않은 듯 미랑의 눈은 초점 없이 멍했다. 그제야 황제의 죽음이 실감나는 모양이었다.

힘없는 미랑의 뒷모습과 멀어져가는 장안성을 번갈아 바라보던 지아의 입에서 답답한 한숨이 흘러나왔다.

"……."

한별의 손이 그런 지아의 손을 꽉 잡았다.

길고 지루한 관도를 따라 느릿느릿 구르던 마차가 도착한 곳은 메마른 모래바람이 부는 도시 돈황(燉煌)이었다. 온통 누런 모래바람으로 뒤덮인 돈황은 마시는 물에서조차 모래 맛이 났다. 주민들 또한 특이한 옷차림에 자신들만의 방언을 쓰는 소수민족이어서 이곳이 장안에서 얼마나 떨어져 있는지를 알려 주었다. 하지만 이곳도 일행의 최종 목적지는 아니었던 듯 병사들은 재빨리 필요한 몇 가지 물건을 보충한 뒤 서둘러 마차를 출발시켰다. 그리고 며칠 후, 마차는 견고한 요새이자 서역으로 통하는 실크로드의 초입인 옥문관(玉門關)을 지나고 있었다. 세 사람은 이제 당의 땅에서 완전히 추방당한 것이다.

사방에서 불어오는 거친 모래바람을 온전히 온몸으로 맞던 지아는 자신들의 앞에 펼쳐진 끝없이 황량한 바위사막과 그 사막 한가운데 우뚝 솟아 있는 천산을 바라보며 깊은 한숨을 내쉬었다. 문득 옆을 보니 미랑은 아직도 충격이 가시지 않은 듯 기운을 차리지 못했다.

그런 미랑을 보는 가슴 한쪽이 날카로운 가시에 찔린 듯 아파왔다. 부모님을 잃은 고통스러운 기억이 새삼스레 떠올랐기 때문이었다. 하지만 지아는 미랑에게 한 마디도 건네지 않았다. 어설픈 위로 따위는 통하지 않는다는 것을 누구보다 잘 알고 있는 까닭이었다.

덜컹!

그때 갑자기 마차가 멈추었다. 정신을 차리고 돌아보니 병사들은 웬일인지 마차를 꽁꽁 묶어놓은 굵은 쇠사슬을 풀어내어 마차의 쇠창살을 열고 있었다. 그들의 뒤로 험준한 바위산 입구가 보였다.

"나와. 여기서부터는 마차로 못 간다."

절그럭 절그럭!

병사들이 이끄는 대로 험한 산길을 오르는 미랑과 지아, 한별의 팔을 묶은 쇠사슬이 걸을 때마다 요란하게 소리를 질렀다. 때로는 길도 없는 바위산을 올라야 했고, 어떤 때는 좁은 바위틈을 기어오르기도 했다. 또한 천 길 낭떠러지가 훤히 내려다보이는 바위에 간신히 붙어 삐걱거리는 잔교(棧橋) 위도 건너야 했다.

그중에서도 가장 위험한 것은 바로 협곡 너머 작은 산사로 건너가기 위한 구름다리였다. 내려다보기만 해도 아찔한 현기증이 이는 바위 협곡 사이에 위태위태하게 걸쳐진 구름다리는 머리카락이 겨우 날릴 정도의 미풍에도 미친 듯 춤을 추었다. 게다가 다리에 얹어진 나무판자는 오래된 듯 군데군데 시커멓게 색이 변하고 구멍도 뻥뻥 뚫려 있었다. 그 살풍경한 광경에 병사들마저 마른침을 꿀꺽 삼킬 정도였다.

"나원~! 가장 먼 유배지라더니 정말 세상의 끝이로군. 아직 꼬맹이들인데 이건 너무하는데?"

병사들은 다리 건너편의 산사를 힐끔 바라본 후 자신들끼리 시선을 교환했다. 원칙대로라면 자신들이 직접 다리 건너편까지 데리고 간 후에 함께 생활하며 감시를 해야겠지만 나오는 길이라고는 힘만 조금 줘도 똑 끊어질 것 같은 다리 하나뿐인 이곳에서 굳이 그럴 필요는 없어 보였기 때문이었다.

"어흠, 원래 이러면 안 되는데 장소도 장소인데다가 오는 동안 너희들이 얌전히 있어 줘서 특별히 봐주는 거야."

한 병사가 어색한 헛기침을 연신 해대며 셋의 손과 발을 묶고 있던 쇠사슬을 풀어 주었다.

"그러니까 저 다리를 건너야 한다고요?"

한별의 질문에 병사들의 고개가 위아래로 끄덕여졌다.

"으악! 너무하잖아요? 아저씨들도 봐요. 건너가다가 떨어져 죽을 거라고요."

"우린들 이러고 싶겠냐? 시키면 시키는 대로 해야지. 게다가 너희들은 대역죄인이란 말이야."

병사들은 싫다고 버둥거리는 한별의 등을 떠밀었다.

"어서 가. 저곳이 너희들이 남은 인생을 보낼 곳이야. 가끔 관원들이 들러 확인할 테니 도망갈 생각 말고."

한별과 마찬가지로 다리 건너편을 바라보는 지아의 얼굴도 하얗게

질려 버렸다. 남은 인생이 문제가 아니라 다리를 건너다 떨어져 죽을 것만 같았다.

"그동안 수고하셨습니다. 아저씨들도 조심히 내려가세요."

하지만 미랑은 아무렇지도 않다는 듯 무덤덤한 시선으로 구름다리를 힐끔 돌아보고는 병사들에게 꾸벅 머리를 숙여 보였다. 그리고는 망설임 없이 구름다리 위에 발을 올렸다.

"으으! 미치겠네. 같이 가!"

한별은 정말 미치겠다는 듯 머리를 박박 긁다가 미랑을 밀쳐내고 앞에 섰다.

"내가 밟은 곳만 밟고 와. 알았지?"

한별의 뒤를 미랑과 지아가 조심스레 뒤따랐다.

휘이잉!

"으악!"

다리를 중간쯤 건넜을 때였다. 협곡 사이로 강풍이 불어와 줄다리가 뒤집힐 듯 거칠게 요동쳤다. 예상치 못한 상황에 균형을 잃은 한별은 다급히 다리의 줄을 붙잡고는 뒤를 돌아보았다. 그러자 자신과 마찬가지로 위태롭게 줄에 매달린 지아와 미랑이 보였다.

특히 지아는 한쪽 발이 썩은 나무판 아래로 빠지기까지 해서 금방이라도 협곡 아래로 떨어질 것만 같았다.

"지아야!"

한별은 생각할 겨를도 없이 지아를 향해 달렸다. 그 바람에 다리가 더욱 요동쳤지만 한별은 멈추지 않았다.

"잡았다!"

한별의 손이 간신히 지아의 팔을 잡는 순간 한별을 중심으로 한 나무판 전체가 아래로 푹 꺼졌다. 동시에 셋은 까마득한 협곡 아래로 추락하기 시작했다.

지아의 높은 비명이 협곡 사이로 메아리쳤다.

"꺄아아아아악!"

"허어~ 이걸 어쩌지? 죽었을까?"

"보면 모르나? 아마 시체도 남지 않았을걸?"

"그럼 보고서엔 뭐라고 쓰지? 저들을 무사히 유배지에 데려다 주는 게 우리 임무였잖아."

한동안 심각한 얼굴로 협곡 아래를 내려다보던 병사들이 순간 눈빛을 교환했다.

"어차피 평생 못 나오는 곳이야. 누가 알겠어."

"맞아. 우린 분명히 데려다 준 거야. 방금 전 일은…… 못 본 걸로 하자고."

병사들은 쓴 입맛을 다시며 뒤돌아섰다.

첨벙!

얼마나 떨어져 내렸을까. 지아의 몸은 떨어지는 속도 그대로 얼음장 같은 물속으로 깊이 빠져들었다. 단숨에 뼛속까지 얼릴 것만 같은 냉기와, 코와 입으로 밀려드는 물 때문에 한동안 몸부림치던 지아는 그대로 의식을 잃고 말았다.

5장_ 괴짜 현장법사를 만나다

"허어, 이거 참! 낚이라는 물고기는 안 잡히고 웬 중생인고? 이걸 먹을 수도 없고 그렇다고 다시 내다 버릴 수도 없고. 고민되네."

아스라이 누군가의 음성이 들렸다. 지아는 대답을 하려고 입을 달싹였다. 하지만 목소리는 나오지 않았다. 그 대신 극심한 피로감이 밀려왔다. 지아의 의식은 금세 다시 끊기고 말았다.

똑똑, 똑!

규칙적으로 떨어지는 물소리와 나뭇잎이 바람에 부딪히는 기분 좋은 소리에 지아는 간신히 다시 눈을 떴다. 그러자 아직은 초점이 잡히지 않는 희미한 시야에 툇마루에 걸터앉은 구부정한 노인의 등이 보였다.

자기도 모르게 인기척을 냈던지 노인은 살짝 고개를 돌려 지아를 돌아보았다.

"깼냐?"

희고 탐스러운 수염을 길게 기른 노인은 등 뒤로 보이는 진초록의 무성한 대나무 숲과 어울려 무척이나 선하고 신비롭게 보였다. 마치 옛날이야기 속에 나오는 신선 같았다. 자세히 보니 허름한 가사를 입은 노스님이었다.

힘겹게 일어나 앉은 지아는 자신이 누워 있는 장소를 둘러보았다. 낡은 나무기둥과 거미줄이 쳐진 들보를 지나 방 한구석에는 커다란 나무를 통째로 깎아 만든 목불상이 덩그러니 놓여 있었다. 하지만 그것도 다 끝난 것이 아닌 듯 연꽃 모양의 단은 아직 거친 나무껍질이 그대로 붙어 있었다. 절은 절인데 꽤나 수상한 절 같았다.

사방에서 불어오는 짙은 나무냄새와 시원한 바람 덕분에 또렷이 정신을 차린 지아가 노스님에게 물었다.

"예. 그런데 여긴……?"

"케헴! 며칠 동안 골골거리더니 드디어 정신이 났구나. 이 몸으로 말할 것 같으면 네 생명의 은인이자 위명이 자자한 현장법사님이시다."

지아는 자신도 모르게 반문했다.

"현장법사요? 인도에서 불경을 가지고 온?"

"그렇지! 우헤헤헤! 네가 나의 위대함을 제대로 아는구나. 자자, 이럴 게 아니라 어서 가자."

현장법사는 지아의 말에 기분이 좋아졌는지 연신 함박웃음을 지으며 지아의 팔목을 덥석 잡았다. 그리고는 비틀거리는 지아를 냅다 방 밖

으로 끌어냈다.

"가다니 어딜요?"

"당연히 일하러 가야지! 이 노인네가 다 죽어가는 널 살려 줬으니 이제 네가 날 봉양해야 할 것 아니냐?"

"에? 그런 법이……."

현장법사의 느닷없는 행동에 미약하게 반항을 해 보았지만 그의 완력은 노인이라곤 믿기지 않을 정도로 셌다.

현장법사의 손에 이끌려 밖으로 나오자 그제야 자신이 누워 있던 장소가 바람만 불어도 기울어질 것 같은 허름한 산사임을 확인할 수 있었다. 미끄러질 듯 위태로운 바위절벽을 그대로 뒷벽으로 삼아 세워진 산사는 절벽의 한가운데 위태롭게 걸려 있었다.

하지만 그 대신 풍광만은 기가 막혔다. 눈을 돌려보니 산사를 오르내리는 유일한 통로로 보이는 잔교가 까마득한 바위산 절벽 허리에 걸려 있어 마치 발아래서 용이 꿈틀거리는 듯했다. 하지만 그나마도 짙은 운무에 가려 잔교 저편은 용이 꼬리를 감춘 듯 보일 듯 말 듯했다.

그리고는 다시 하얀 구름의 바다, 산사는 그야말로 운해(雲海)의 한가운데 떠 있는 한 점 섬이었다. 흐려지는가 싶으면 다시 짙어져 시야를 가리는 백색의 바다는, 돌과 같은 심장을 가진 지아도 입이 쉬 다물어지지 않을 정도였다.

게다가 산사 뒤로는 신기하게도 협곡을 지나는 물길이 잠시 멈췄다 지나는 작은 연못이 있어 맑고 차가운 물이 끊임없이 숲 가운데로 흐르고 있었다.

한동안 정신없이 주변을 살피던 지아의 귀에 현장법사의 칼칼한 음성이 들렸다. 잔뜩 인상을 쓰고 자신을 바라보는 그는 더 이상 신비해 보이지도, 선해 보이지도 않았다.

"구경 다 했으면 후딱 이리 와. 한 놈은 곧 죽을 것처럼 골골거리고 또 한 녀석은 넋이 나간 것 같으니 너라도 부려먹어야겠다."

현장법사의 손짓에 산사 모퉁이를 돈 지아는 깜짝 놀랐다. 온몸에 붕대를 감고 누워 있는 한별과, 그 옆에 오도카니 두 무릎을 모아 쥐고 초점 없는 눈빛으로 쪼그리고 앉아 있는 미랑을 발견한 것이다.

"한별! 미랑!"

지아는 서둘러 선방으로 뛰어 들어갔다.

"뜨거워……."

드러난 팔다리와 이마에 붉은 피딱지가 앉은 한별의 온몸은 불덩이처럼 뜨거웠다. 게다가 미랑은 도통 입을 열지 않았다. 등 뒤로 현장법사의 툴툴거리는 음성이 들려왔다.

"봤지? 그게 네가 할 일이다. 케헴! 죽든 살든 난 이제 모른다. 알아서 해."

현장법사는 그 말을 끝으로 몸을 휑 돌려 법당 안으로 들어갔다.

"어쩌지!"

병수발이라고는 해 본 적이 없는 지아는 고열에 신음하는 한별을 앞에 두고 난감한 얼굴이 되었다. 손에 든 물수건이 어색하기만 했다.

이럴 때 미랑이라도 정신을 차리고 있으면 도움이 되련만 미랑 역시 마음의 상처가 컸는지 꼼짝도 하지 않았다. 오히려 한별보다 하루 종일

한 마디도 하지 않은 채 꼼짝 않고 있는 미랑이 더욱 걱정될 정도였다.

덜컹!

"이 녀석! 그렇게 보고만 있으면 그 꼬맹이가 좋아지냐? 엉? 후딱 가서 물이나 떠와."

"으아악! 다 태웠네. 넌 어떻게 된 애가 밥도 할 줄 모르냐? 에고고, 내 팔자야. 이제 꼬맹이들 밥시중까지 들게 생겼네."

현장법사는 귀찮다 하면서도 수시로 선방을 들락거리며 잔소리를 퍼부어댔다. 그리고는 지아의 손에서 물수건을 빼앗아 한별을 닦아 주고 붕대를 갈아 주었다.

"밤에는 네가 해!"

현장법사의 극성스러운 잔소리와 간호 덕분인지 한별은 얼마 후 정신을 차릴 수 있었다. 눈이 부실 정도로 환한 달이 뜬 밤이었다.

그런 한별의 눈에 가장 먼저 보인 것은 자신의 곁에 앉아 꾸벅꾸벅 조는 지아였다. 뽀얀 창호지 사이로 비춰지는 달빛을 받은 지아는 예전보다 더 여위고 창백해 보였다.

'지아가 왜 내 방에 있는 거지?'

의아해진 한별은 고개를 갸웃거렸다. 하지만 팔을 짚고 간신히 일어나 앉자 비로소 그 이유를 알 수 있었다.

"지아야."

자신의 상처를 감싼 붕대와 지아의 손에 들린 물수건을 발견한 한별의 입에서 작은 신음과도 같은 음성이 흘러나왔다.

한별은 졸고 있는 지아를 조심스레 바닥에 눕혀 주었다. 그런 후에야

방구석에 앉은 채 잠들어 있는 미랑을 발견할 수 있었다. 한별은 미랑도 지아의 옆에 조심스레 눕혀 준 후 방을 나섰다.

선방 밖으로 나서자 환한 달빛과 쏟아져 내릴 듯 반짝이는 별빛이 한별을 반겨 주었다. 스스스, 대숲에서 부는 바람소리에 맞추어 달빛 아래 살아 움직이는 듯 춤을 추는 운해가 보였다. 한여름임에도 쌀쌀하게 느껴지는 협곡의 바람에 한별은 어깨를 움츠렸다.

"깼냐?"

이때, 등 뒤에서 카랑카랑한 노인의 음성이 들렸다. 돌아보자 허름한 가사를 걸친 현장법사였다.

"예. 그런데 영감님은……."

딱!

"아야야야야! 왜 때려요?"

"맞을 만하니까 때렸다, 요 녀석아. 영감님이라니? 이 몸으로 말하자면 네 생명의 은인이자 위대하신 현장법사님이시다."

"에이~ 영감님이 무슨 현장법사예요? 나도 옛날이야기라면 조금 아는데 할아버지같이 빈티 나는 영감님은 절대 아니라고 보거든요? 게다가 척 봐도 사이비 땡중 필이 팍팍 나는데요 뭐."

한별의 야유에 현장법사는 얼굴을 벌겋게 물들였다.

"이놈이~! 다 죽어가는 거 건져서 이만큼 살려놨더니 뭐가 어쩌고 어째? 땡중?"

"으갸갸! 이 영감님이! 아프잖아요! 난 환자라고요!"

현장법사가 던진 목탁이 이마 정중앙에 작렬하자 한별은 자신도 모르게 괴성을 질렀다. 그런 한별의 정수리에 또다시 현장법사의 죽봉이 날아들었다.

"죽지 않고 일어났으면 됐지 환자는 무슨 환자야? 엄살 부리지 마!"

따따딱! 따악!

"끄아아아!"

"그나마 네가 제일 말짱해 보이니 어디 사연이나 들어 보자. 도대체 저 두 녀석들 왜 저래? 한 녀석은 목석같기가 돌부처보다 더하고, 또 한 녀석은 달팽이처럼 껍데기 속에 잔뜩 숨어 있으니 답답해서 어디 살겠냐?"

현장법사는 차가운 산사 마당 한가운데 무릎을 꿇고 앉은 채 두 손을 번쩍 든 한별에게 물었다.

"그러니까 일이 어떻게 된 거냐면요, 위대하신 현장법사님……."

한별은 죽봉을 붕붕 휘두르는 현장법사의 눈치를 슬금슬금 보며 지나간 이야기를 풀어냈다.

"엥? 세민이가 죽었어?"

시간을 건너뛰었다는 것도 살다 보면 그럴 수도 있지, 하며 담담히 받아들이던 현장법사였지만 황제의 죽음에 대한 대목에 이르자 깜짝 놀라 반문했다.

"허어, 그랬구나. 그래서 하늘이 그리 어지러웠나 보군 그래, 미랑이라는 아이가 충격이 컸겠구나."

현장법사는 장탄식을 터뜨리며 별이 총총한 밤하늘을 올려다보았다.

"이제 어쩔 셈이냐? 아니, 넌 어쩌고 싶으냐?"

문득 현장법사가 시선을 돌려 한별에게 물었다.

"전……."

한별이 할 말을 찾지 못하고 고개를 푹 숙였다.

"저 아이들을 지키고 싶었으렸다?"

현장법사의 말에 한별은 자신도 모르게 고개를 번쩍 치켜들었다. 그 눈동자는 달빛보다 더욱 빛났다.

"내가 좀 도와주랴?"

현장법사는 무척이나 수상한 미소를 지으며 물었다.

"으라차!"

빠악!

"으갸아아!"

쩌억!

지아는 아침부터 산사에 울려 퍼지는 괴성에 눈을 떴다. 그러자 멍한 표정으로 방구석에 앉아 있는 미랑이 보였다. 하지만 정작 누워 있어야 할 환자인 한별은 방 안 어디에도 보이지 않았다.

"으라차아아!"

그때 또다시 들려온 괴성과 함께 문이 벌컥 열렸다.

"깼으면 후딱후딱 나와야지."

현장법사였다. 그는 다짜고짜 미랑과 지아의 손을 잡고는 방 밖으로 끌어냈다. 그제야 붕대를 칭칭 감고 마당 한가운데 서서 도끼를 휘두르고 있는 한별의 모습이 보였다. 익숙지 않은 도끼질에 애먼 장작들이 볼품없이 쪼개지고 있었다.

"한별?"

자신도 모르게 그의 이름을 불렀다. 그러자 한별이 고개를 돌려 시선을 마주쳐왔다. 크고 작은 부상으로 파리해진 얼굴이었음에도 그의 얼굴에 걸린 미소는 시리도록 맑았다. 마치 이 산사를 둘러싼 공기가 그대로 그에게 투영된 듯했다. 그 미소가 부담스러워 지아의 얼굴에는 다시 가면 같은 무표정이 내려앉았다.

"뭐하는 거야?"

"아, 이거? 특훈이야, 특훈. 그쵸?"

한별의 시선이 현장법사에게 향하자 현장법사의 얼굴에도 미소가 떠올랐다. 상당히 수상한 미소였다.

"특훈이요?"

"케헤헴! 당연하지. 이 위대하신 현장법사님만 믿으라니까. 장작 다 패면 밥도 하고 물도 좀 끓여라. 그것도 다 훈련이니라."

지아가 따져 물으려는 순간, 현장법사는 요란한 헛기침을 터뜨리며 미랑과 지아를 끌어당겼다.

산사에 위치한 법당은 한여름임에도 차가운 협곡의 바람을 그대로 품고 있어 서늘했다. 현장법사는 그 법당 한가운데 미랑과 지아의 어깨를 꾹 눌러 앉혔다.

"앉아라."

"하지만 전 불교신자가 아니에요."

"떽! 어르신이 시키면 시키는 대로 따라야지 뭔 잔소리가 그리 많아? 당장 앉아."

현장법사는 죽봉으로 지아의 어깨를 요란하게 한바탕 내리치고는 자

신도 맞은편에 가부좌를 틀고 앉았다. 그리고는 나지막한 목소리로 독경을 시작했다.

"관자재보살 행심반야파라밀다시 조견오온개공 도일체고액 사리자 색부이공 공부이색 색즉시공 공즉시색……."

청량한 목탁소리와 함께 현장법사의 카랑카랑하면서도 운율감 있는 독경소리는 지아의 마음속으로 깊이 파고들었다. 동시에 언제나 불안하기만 하던 마음 한구석이 기이하게도 편안해짐을 느꼈다. 비행기 사고가 있었던 그날 이후 이렇게 마음이 편안해지는 것은 처음이었다.

"…아제아제 바라아제 바라승아제….

한별에게서 이야기를 들었다. 누구든 가까운 사람의 죽음에 상처를 받는다. 하물며 그 대상이 일개 개인이 아닌 황제임에야 그 충격이 얼마나 컸는지 더 말할 필요도 없겠지. 하지만 세상 모든 일이 지나고 나면 무념무상, 천지간에 중요한 것은 그뿐이니라. 죽음도 없고, 삶도 없고, 너도 없고, 나도 없는 것이다."

독경에 이어지는 현장법사의 목소리는 마치 꿈결같이 지아와 미랑의 닫힌 마음을 어루만져 주었고, 둘은 자연스레 긴 참선의 시간을 가질 수 있었다.

마침내 긴 참선이 끝나고 눈을 뜨자 주변은 어느새 어둑어둑하게 붉어지고 있었다. 아무것도 먹지 않은 상태에서 참선만으로 만 하루를 보낸 것이다. 옆을 돌아보자 한동안 흐린 눈으로 주변을 멍하니 응시할 뿐이던 미랑 역시 마침내 마음의 움직임이 있는 듯 감은 눈에서 한 줄기 눈물이 흐르고 있었다.

"하아~!"

마침내 깊은 한숨을 내쉬며 눈을 뜬 미랑의 시선이 지아와 마주쳤다.

"깼어?"

지아는 자신도 모르게 미랑에게 말을 걸었다. 그런 지아의 조심스러운 모습에 미랑이 작은 미소를 보냈다.

"응. 지아야, 미안한데 나 조금만 더 잘게."

풀썩!

미랑은 말을 끝내자마자 법당 바닥에 그대로 엎어졌다. 그리고는 거짓말처럼 고른 숨소리를 내며 잠들어 버렸다.

"어어?"

당황한 지아와는 다르게 현장법사의 눈은 유쾌한 듯 반짝였다.

"음하하하하! 오랜만에 솜씨 한 번 발휘해 봤는데 역시 나의 법력은 죽지 않았어. 나는야 위대한 현장법사~ 법력은 당나라 최고~ 모두들 우러러 보라~!"

현장법사는 잠든 미랑에게 자신의 가사를 덮어 주고는 지아와 함께 법당을 나섰다. 밖에서는 한별이 여전히 장작들을 괴롭히고 있었다.

"으라차!"

"강한별 인석! 밥하라니까! 이 늙은이를 굶겨 죽일 작정이냐?"

"아차! 조금만 기다려 주세요. 지아야, 조금만 기다려. 금방 밥해 줄게."

현장법사의 고함소리에 한별은 휘두르던 도끼를 집어던지고 재빨리 부엌으로 달려갔다.

"도끼질과 밥하기가 특훈이라고요?"

"대, 대충 비슷하지 뭐. 허어~ 달빛이 밝구나. 가을이 오려나?"

현장법사는 미심쩍어 하는 지아의 시선을 슬쩍 외면했다.

산사의 하루는 해도 뜨기 전인 이른 아침부터 시작되었다. 장작패기와 물뜨기, 밥하고 청소하기 등등 할 일은 끝도 없었다. 그리고 그 대부분의 일을 특훈이라는 이름으로 한별이 해치우고 있었다.

"효과는 있어?"

지아가 참다못해 묻자 한별은 힘차게 고개를 끄덕였다.

"당연하지. 지아 넌 무협지도 안 봤냐? 원래 무림고수들은 괴짜가 많아. 이 산사며 저 현장법사님을 봐. 뭔가 심상치 않은 구석이 있잖냐? 이 훈련도 겉보기에는 허드렛일이지만 사실은 일격필살의 기초일 거야. 요옵! 욥!"

한별은 물이 흥건한 걸레를 쥐어짜며 이상한 기합소리를 연신 날려댔다. 지아는 고개를 흔들며 돌아섰다.

끼이익.

법당 안은 여전히 고요하기만 했다. 미랑은 현장법사의 독경을 들은 후 만 하루 동안 죽은 듯 잠들어 있었고, 현장법사는 대숲 어딘가로 죽순을 캐러 간 후였다. 지아는 미랑의 곁에 자리를 잡고 주저앉았다.

…지아야, 지아야…

"!?"

어두운 곳에 있으면 항사 들려오는 것만 같은 엄마의 목소리에 겹쳐 누군가 부르는 소리가 났다. 지아는 퍼뜩 눈을 뜨고 고개를 돌렸다. 깜빡 잠이 들었던 모양이었다. 그러자 어느새 눈을 뜨고 자신을 말똥말똥 바라보고 있는 미랑과 정면으로 눈이 마주쳤다.

"미랑! 일어났네?"

지아는 깜짝 놀라 미랑의 이름을 불렀다.

"응. 배는 좀 고프지만."

꼬박 이틀이나 잔 미랑은 지금에야 부스스 눈을 비비며 일어난 것이다. 긴 여행길이 힘겨웠는지 야위고 푸석푸석한 모습이었지만 커다란 눈만큼은 처음 만났을 때처럼 맑고 투명했다.

꼬르르륵~.

자신의 말을 증명하듯 미랑의 배 속에서는 요란한 소리가 들려왔다. 두 소녀는 누가 먼저랄 것도 없이 피식 웃음을 지었다.

"가자. 주방에 뭐가 있을 거야."

미랑은 언제 시무룩했었냐는 듯 지아의 손을 잡고 부엌으로 달려갔다.

"와아!"

부엌 안은 어디에선가 솔솔 풍겨 나오는 맛있는 냄새로 가득 차 있었다. 한참 코를 킁킁거리던 미랑이 길쭉한 부지깽이로 아궁이 가득한 숯을 들춰냈다. 그러자 진흙을 바른 채 숯 한가운데 얌전히 누워 있는 꿩 한 마리가 나타났다. 보나마나 현장법사의 짓이었다.

"흐흐흐흐. 스님이 고기를 굽다니. 좋은 일하는 셈 치고 우리가 해치우자."

미랑의 입가에 정말 오랜만에 미소가 걸렸다. 악동의 미소였다.

"으으. 맛있다. 자, 너도 먹어."

지아는 미랑이 호호, 입김을 불어가며 뜯어 주는 잘 익은 고기 한 조각을 받아 입에 넣었다. 그동안 멀건 죽과 떨떠름한 죽순만 먹어서 그런지 정말 맛있었다.

"야! 무슨 냄샌가 하고 와 봤더니, 나만 쏙 빼고 이럴 수 있어?"

이때 어떻게 알았는지 한별이 씩씩대며 나타났다. 그리고는 미랑의 손에 들린 꿩 다리 한 짝을 냉큼 빼앗아 한 입 덥석 베어 물었다.

"으갸! 뜨거……! 우와! 살살 녹는다."

흔적도 없이 꿩 한 마리를 해치운 셋은 만족스러운 표정으로 발 아래로 뭉쳤다 흩어졌다를 반복하는 운무를 바라보았다. 곁에는 한때 꿩이라 불리던 뼈들의 잔해가 수북이 쌓여 있었다. 지금 이 순간은 집에 돌아갈 걱정도, 황제의 죽음에서도 자유로운 듯 마음이 편했다.

"꺼억! 얘들아, 여기서 이렇게 셋이 사는 것도 썩 나쁘지 않은 것 같지? 아차차, 현장법사님도 있지. 법사님도 뭐 그 정도면 무난하시지."

요란하게 트림을 하는 한별의 말에 지아는 피식 웃었다. 확실히 현장법사는 마음을 편하게 해 주는 묘한 구석이 있었다. 게다가 미랑도 이제 어느 정도 황제의 죽음이 준 충격에서 벗어난 것 같아 한별의 말대로 한동안 이곳에서 지내도 괜찮지 않을까 하는 생각도 들었다.

하지만 이때 들려온 미랑의 말은 전혀 예상 밖이었다.

"난 궁으로 돌아가고 싶어."

미랑의 말에 바닥에 벌렁 드러누워 있던 한별이 스프링처럼 벌떡 튕겨져 일어났다.

"아니 왜? 우린 대역죄인이야. 게다가 병사들까지 따돌린 도망자고. 황궁은커녕 산 아래로 한 발짝만 내려가도 목이 뎅강 날아갈 거라고. 게다가, 그 뭐냐……."

한별의 말에 지아도 맞장구를 쳤다.

"궁 안에는 아직도 황제를 독살한 사람이 남아 있을 거야. 그는 여전히 우리에게 죄를 뒤집어씌우고 싶어 할 테고. 게다가 이곳을 벗어나

면 도망자라는 죄목까지 추가되겠지. 다음번엔 황금보도도 없으니 꼼짝없이 사형일 거야."

"그렇지. 내가 하고 싶은 말이 바로 그거야. 진범이 잡히거나 세상이 우리를 잊을 때까지 얌전히 이곳에 숨어 있는 게 상책이라니까."

"하지만 난 황제폐하의 마지막 유언을 지키고 싶어."

"유언? 그게 뭔데?"

한별은 미랑의 말에 말문이 막혀 지아를 돌아보며 눈을 껌뻑였다. 하지만 지아 역시 황제의 마지막 말은 까맣게 잊은 후였다.

"자유로워지라고 하셨잖아. 새처럼."

"아!"

그제야 생각이 난 듯 지아는 탄성을 터뜨렸다. 하지만 이내 고개를 갸웃거릴 수밖에 없었다. 병사들의 손이 미치지 않는 이곳이야말로 셋에게 가장 자유로운 장소였기 때문이었다. 하지만 미랑의 표정은 진지하기만 했다.

"멍하니 있는 동안 자유라는 것에 대해 내내 생각했어. 자유라는 건 내가 가장 편한 장소에서 가장 하고 싶은 일을 하는 거잖아? 그래서 내린 결론은 역시 난 궁이 좋다는 거야. 또 태종폐하께서 어렵게 이룬 당을 지금 이대로 지키고 싶어. 그게 내가 하고 싶은 일이야. 물론 일개 궁녀의 바람치고는 너무 거창하지만…… 무리려나?"

시종일관 진지하게 자신의 생각을 밝히던 미랑은 끝에 가서 쑥스러운 듯 얼굴을 붉혔다.

"와! 다시 봤어, 무미랑. 너 이렇게 보니까 무지 똑똑해 보인다. 어떻게 그런 생각을 한 거야?"

한별은 존경스러운 눈으로 미랑을 우러러보았다. 지아 역시 새삼스럽게 미랑을 바라보았다.

"으아아! 내 꿩! 어떤 녀석이야?"

지아가 막 미랑에게 뭐라고 하려는 순간 등 뒤에서 괴성이 울려 퍼졌다. 동시에 셋의 얼굴이 약속이나 한 듯 하얗게 변했다.

"법사님 오셨다!"

"으악! 우린 죽었다!"

빠악!

부엌 문짝을 걷어차며 뛰어나온 현장법사의 눈에 사이좋게 입가에 잔뜩 기름이 묻은 세 꼬맹이들이 보였다. 죽봉을 잡은 그의 손이 파르르 떨려왔다.

"내 꿩! 한 달이나 걸려 겨우 잡은 내 꿩을……!"

"법사님? 진정부터 하시고…….."

한별의 머리 위로 현장법사의 죽봉이 작렬했다.

따악!

"으악!"

"세 시간이나 요리조리 정성스럽게 뒤집어가며 겨우 구워 놓은 내 꿩을 너희들이 널름 먹어 치워?"

한별이 폭 퍼진 개구리처럼 바닥에 엎어지자 미랑은 지아의 손을 잡고 잽싸게 도망치기 시작했다.

"한 마리 더 잡아 줄게요! 한 번만 봐주세요."

"거기 서! 이놈들!"

미랑과 지아, 현장법사는 때 아닌 숨바꼭질을 하듯 산사 주변을 뱅글

뱅글 돌았다. 미랑을 따라 죽어라 달리는 지아의 입가에 자신도 모르게 작은 미소가 걸렸다.

산사의 여름은 금세 끝나 버렸다. 그리고 찾아온 겨울은 길고 추웠다. 다시 날이 따뜻해지고 봄꽃이 피어나자 반가워 눈물이 날 정도였다.

날이 따뜻해졌다고는 하지만 산사의 아침은 아직 쌀쌀했다. 일찍 눈을 뜬 지아는 어깨를 움츠린 채 새파랗게 빛나는 하늘과 그 아래로 짙푸른 청록의 잎을 가진 대나무에 눈길을 주었다.

"흐아아암!"

이때, 요란한 기지개를 키며 한별이 여전히 졸린 듯 연신 눈가를 문질러대며 방에서 걸어 나왔다. 춥지도 않은지 짧은 민소매 옷에 반바지를 입은 채였다.

"어? 지금까지 내가 제일 먼저 일어났는데, 아깝다. 기록이 깨졌네."

한별은 정말로 안타까운지 한숨을 푹 내쉬고는 훌쩍 마당으로 내려섰다. 가벼운 몸동작으로 보아 잠은 완전히 깬 것 같았다. 계절이 바뀌는 동안에도 현장법사의 괴상한 특훈은 계속되었고 한별은 군소리 없이 현장법사의 말을 따랐다. 그 결과인지 모르겠지만 한별은 이곳에 처음 왔을 때보다 키도 더 커지고 몸도 더 날래진 것 같았다.

한별도 지아의 시선이 자신에게 고정되어 있다는 것을 느꼈다. 그는 커다란 물통을 이리저리 휙휙 옮기며 혼잣말을 가장한 양 중얼거렸다.

"어라라? 효과 진짜 끝내주는데? 힘이 막 솟아. 으싸!"

그런 한별의 귀에 지아의 짧은 음성이 들려왔다.

"바보."

"윽!"

끝내 물통을 놓치고 마는 한별이었다. 물통이 엎어지는 소리에 현장법사와 미랑도 잠에서 깨어나 밖으로 나왔다.

"뭐가 이렇게 시끄러?"

"한별이 또 무슨 바보짓을 한 거야?"

사방에서 쏟아지는 잔소리에 무안해진 한별이 손가락으로 한쪽을 가리키며 소리쳤다.

"앗! 저게 뭐지?"

"유치해. 안 통해."

"에고~ 저런 멍청이를 제자랍시고 데리고 있는 내가 불쌍하다."

지아와 현장법사가 혀를 찼다. 하지만 미랑의 반응은 둘과는 조금 달랐다. 이마에 손그늘을 만든 미랑은 눈을 동그랗게 뜨고 말했다.

"어? 정말 누가 오는데요?"

"어디? 어, 정말이네? 누구지?"

말을 꺼낸 한별이 가장 깜짝 놀란 듯 소리쳤다.

"뭐래? 들려?"

"쉬잇! 옆으로 좀 가 봐. 하나도 안 보여."

한별과 미랑은 법당의 문에 찰싹 달라붙어서 안을 엿보기 위해 필사적이었다. 한별은 욕먹을 것을 각오하고 창호지에 손가락 구멍까지 뚫었다.

"죽을 날만 기다리는 이 늙은이에게 이리 우르르 몰려온 이유가 뭐야?"

현장법사는 탐탁지 않은 표정으로 법당 저쪽에 앉은 승려들을 빤히

바라보았다. 당연히 말투도 날이 서 있었다. 하지만 잔뜩 비틀린 그의 말에 승려들은 공손히 합장을 하며 대꾸했다.

"저희들은 두 달 후에 열리는 태종폐하의 위령제에 고명하신 현장법사님을 모시라는 황제폐하의 명을 받고 왔습니다. 부디 저희와 함께 장안으로 가시지요."

승려들의 어조는 간절했지만 정작 당사자인 현장법사의 대답은 시큰둥했다.

"내가 고명한 건 굳이 자네들이 이렇게 멀리까지 찾아와서 일깨워주지 않아도 아주 잘 알아. 게다가 황실의 위령제 같은 건 아무나 불러다 쓰면 되잖아. 나 그렇게 한가한 사람 아니야."

상대도 나이가 지긋한 노승려였지만 현장법사는 막무가내로 반말을 했다. 하지만 그들 중 누구도 기분 나빠하는 기색을 보이지 않았다. 승려들은 다시 공손히 두 손을 모으고 고개를 숙였다.

"이번 위령제는 여느 때와 다릅니다. 오랜 기간 태평성대를 위해 노력하신 선대 태종폐하를 기리는 동시에 새로운 황제폐하가 되신 이치 고종폐하의 천단제를 겸하는 중요한 자리입니다. 그래서 법력 높으신 법사님을 꼭 모시려 하는 것입니다. 부디 함께 하시지요."

"내가 죽어도 가기 싫다면 어쩔 건데?"

현장법사는 여전히 고집스러운 말투였다.

"그럼 어쩔 수 없이 관군의 도움을 빌려야겠지요."

승려들의 얼굴에 곤란한 기색이 떠오른 순간, 그들 사이에서 한 사람이 걸어 나왔다. 붉은 가사를 걸치고는 있었지만 머리는 길게 길러 어딘지 속된 분위기가 풍겨 나왔다. 현장법사의 눈이 실처럼 가늘어졌다.

"넌 중이 아니로구나."

"법사님을 장안까지 무사히 모셔다 드리기 위해 동행한 금위위의 제독 공손휘입니다. 산 아래에 저희 부하들이 기다리고 있습니다."

그의 말투는 시종 공손했지만 내용은 명백한 협박이었다. 현장법사의 입 꼬리가 씰룩였다.

"흥! 그래도 싫다면 칼이라도 들이밀 테냐? 안됐지만 나같이 늙어 빠진 노인한테는 그런 협박 안 통해."

"으악! 미랑! 밀지 마!"

우당탕!

현장법사가 공손휘에게 비웃음을 보내는 순간, 삐걱거리는 법당 문이 부서지며 누군가가 안쪽으로 굴러 들어왔다. 바로 문틈으로 안을 엿보던 미랑과 한별이었다. 그 뒤에는 둘을 한심하다는 듯 내려 보고 있는 지아가 서 있었다.

"이 녀석들아, 이게 무슨 짓이야?"

현장법사가 버럭 소리를 지르는 것과 동시에 공손휘의 빈정거리는 목소리가 들려왔다.

"후후! 현장법사님에게는 확실히 협박이 통하지 않겠군요. 하지만 저 아이들은 어떨까요? 제자 같아 보이는데 법사님의 고집 때문에 죽임이라도 당하면 곤란하지 않겠습니까?"

"끄응~ 이 말썽꾸러기 녀석들!"

현장법사가 앓는 신음소리를 내자 공손휘의 입가에 만족스런 미소가 걸렸다. 상황이 역전된 것이다. 하지만 그의 미소는 오래 지속되지 못했다.

"당신이 우리들을 인질로 쓰는 데는 문제가 좀 많네요. 우린 절대 장

안으로 돌아갈 수 없는 사람들이거든요."

"무슨 소리냐?"

지아의 말에 공손휘는 눈살을 찌푸리며 되물었다.

"혹시 무미랑이라는 이름은 들어 본 적이 있나요?"

"무미랑? 무미랑? 유배중인 태종의 독살범?! 설마 네가?"

잠시 골똘한 생각에 잠겼던 공손휘의 입에서 경악이 터져 나왔다. 지아는 대답 대신 손가락으로 머쓱하니 서 있는 미랑을 가리켰다.

"제가 아니라 저쪽이 미랑이에요. 우린 미랑과 함께 황궁에서 추방당한 친구들이고요. 짐작하신 대로 우린 이곳에서 유배생활 중인 대역죄인들이죠. 그리고 현장법사님은 우리를 지키고 감시하셔야 할 분이랍니다. 당신이 만약 우리가 거추장스럽다고 위해를 가한다면 법사님은 이곳을 떠날 이유가 없어지는 거고, 반대로 법사님께서 우리만 남기고 장안으로 가시면 법사님께서는 국법을 어기는 것이죠. 그러니 우리도, 법사님도 이곳을 떠날 수 없어요."

지아의 차분한 설명을 듣는 동안 일그러졌던 현장법사의 얼굴에는 다시 화색이 돌았고, 반대로 공손휘의 얼굴은 썩은 대추처럼 새까맣게 변했다.

"그, 그런!"

"으하하하하! 말 한 번 잘했다. 지아, 넌 천재다, 천재! 들었으면 썩 꺼져."

그것으로 상황이 정리된 듯했지만 아직 반전이 남아 있었다. 무슨 일이 있어도 황궁으로 돌아가고 싶은 미랑이 별안간 손을 번쩍 치켜들고 소리를 질렀다.

"우리 유배지를 황궁으로 바꿔 주세요! 그럼 법사님도 우릴 감시하기 위해 황궁까지 따라오셔야만 하고, 스님들과 제독님의 고민도 자동으로 해결되는 거잖아요. 금위위 제독 정도면 그 정도는 할 수 있지 않을까요?"

미랑의 느닷없는 외침에 법당 안은 잠시 정적이 흘렀다. 그 정적은 잠시 후 터져 나온 공손휘의 웃음소리로 깨졌다.

"크하하하하하! 당연히 가능하지. 진짜 천재는 여기 있었군. 좋아, 이제부터 너희들의 유배지는 황궁이다. 당장 따라 나서라."

"야호! 드디어 돌아갈 수 있다!"

"무미랑, 저 망할 녀석."

기뻐 날뛰는 미랑을 보는 현장법사의 입에서 체념 섞인 긴 한숨이 새어 나왔다.

떠날 때와는 다르게 일행은 금위위와 승려들이 현장법사를 위해 준비한 커다랗고 안락한 마차를 타고 편하게 장안으로 돌아왔다. 하지만 장안에 도착하자마자 일행은 자신들의 눈을 의심해야 했다.

오물이 고여 썩어가는 지독한 냄새와 배고픔에 지친 사람들의 얼굴, 사방에서 불어오는 메마르고 누런 흙먼지에 뒤덮인 장안은 더 이상 예전의 활기차고 아름답던 도시가 아니었다. 몇 달째 이어지는 가뭄 때문에 땅을 버리고 전국에서 흘러 들어온 수만 명의 이재민들로 인해 장안 전체가 난민촌으로 변해 버린 것이다.

거리 곳곳에서는 황제의 새 여름별궁이나 섭정(攝政) 장손무기의 행궁 등이 지어지고 있었다. 가뜩이나 배를 곯는 백성 사이에서는 당연히 황실에 대한 원성이 자자했다. 더구나 전례 없이 성대히 치러질 선황 태종의 장엄한 위령제를 위한 제단을 짓는 부역까지 짊어지게 된 백성의 분노는 가히 하늘을 찌를 정도였다.

바싹 야윈 몸으로 무거운 돌덩이를 짊어진 사람들의 모습을 바라보는 일행의 얼굴에는 어두운 그림자가 드리워졌다.

성군이 죽었으니 태평성대가 끝났도다.
이씨왕조에는 희망이 없어 백성 삶은 고되기만 하여라.
복씨 성 왕을 세우면 그제야 비로소 단비가 내리리라.

마차가 지나는 장안 거리 골목 곳곳에서는 온통 복씨 성을 가진 사람이 다음 왕이 되어야 태평성대가 온다는 괴이한 노랫소리가 들려왔다. 아마도 누군가가 퍼뜨린 노래를 아이들이 따라 부르는 것 같았다. 그리고 현재 왕이 될 만한 복성의 주인은 장손무기 하나뿐이었다.

"허어! 민심이 이리 흉흉하니 비가 오지 않을 수밖에."

현장법사의 장탄식을 들으며 지아는 잿빛으로 변해 버린 장안을 묵묵히 내다보았다.

6장_ 비를 부르는 현장법사

어수선한 장안대로를 지나 드디어 육중한 황궁의 정문을 통과한 일행의 앞에 단단하고 넓은 청석바닥이 모습을 드러냈다. 청석바닥의 저편에는 담도 없이 홀로 커다란 일주문이 우뚝 서 있었는데 누구나 오갈 수 있게 아예 문을 달지 않는 여느 사찰과는 달리, 붉게 칠을 입힌 두 문을 조개처럼 굳게 닫고 있었다. 그 일주문 너머로 일행의 목적지인 듯한 거대한 법당의 지붕이 언뜻언뜻 보였다.

현장법사는 꽉 닫힌 일주문을 발견하는 순간 눈살을 찌푸렸다.

"흠흠~!"

동행한 승려들은 현장법사의 심기가 불편함을 눈치챘는지 종종걸음으로 일주문으로 달려갔다. 그리고 서둘러 닫힌 문을 활짝 열었다. 그러자 안쪽 벽에 형형색색의 물감으로 그린 사천왕이 보였다. 방금 칠을 끝낸 듯 붉고 푸른 물감이 뚝뚝 흘러내릴 것만 같았다.

"윽! 완전 도깨비네. 원래 저렇게 무서운 거냐?"

현장법사의 뒤를 따라 일주문을 지나던 한별은 곁에 있는 지아에게 귓속말로 물었다. 하지만 지아라고 그런 것까지 알 리 없었다.

그러는 동안 어느새 일주문을 지난 일행의 앞에 마침내 불당이 보였다. 유명한 왕희지의 글씨를 획 하나하나 정교하게 새긴 후 그 위에 누런 황금을 입힌 현판과 몇 겹으로 올린 화려한 단청, 장정의 허리두께보다 두 배는 두꺼운 기둥들이 줄지어 세워진 벽과 정교한 꽃문양을 새겨 넣은 높고 커다란 문살 등 법당은 거대하면서도 동시에 유려한 아름다움을 뽐냈다.

법당의 외양뿐이 아니었다. 안으로 한 발 들어서자 현장법사의 산사에 있던 목불과는 비교할 수조차 없는 거대한 금불상이 일행의 시선을 단번에 빼앗아 버렸다. 금불의 이마에는 주먹만 한 루비까지 박혀 있었다. 금불상 뒤로는 금실로 한땀한땀 직접 수를 놓은 커다란 탱화가 한쪽 벽을 온통 메우고 있었다. 불상뿐이 아니라 향을 피우는 향로와 곳곳에 놓인 수십 개의 촛대, 공양물을 올려놓는 제기와 제단 등 보이는 것은 온통 황금이었다. 오후의 뜨거운 볕이 창호지 없는 창살을 통해 그대로 쏟아져 들어와 법당 안은 온통 누런 황금빛으로 아른거렸다.

중국의 황금예찬이 대단한 것은 익히 알고 있었지만 이 촌스럽고 천박한 화려함에는 완전히 질릴 정도였다. 슬쩍 옆을 돌아보니 현장법사와 미랑, 한별도 같은 심정이었는지 사방을 둘러보며 혀를 차고 있었다.

하지만 뒤쪽에 대기하고 있던 승려들의 얼굴에는 도착했다는 안도감과 웅장하고 화려한 법당에 대한 자부심이 뒤섞여 있었다.

"어떻습니까? 이 정도면 돌아가신 태종폐하의 위령제를 올리기에 부족하지는 않겠지요? 이게 다 효심과 불심이 깊으신 새 황제폐하와 충신이신 장손대인께서 각별히 신경을 써 주신 덕분이랍니다."

승려들의 기대감과는 반대로 현장법사는 고개를 흔들었다.

"쯧쯧. 틀렸어. 세민은커녕 원래 있던 귀신들도 도망가겠어."

"예?"

"귓구멍이 막혔어? 도대체 이곳이 법당이야, 전당포야? 금딱지만 덕지덕지 붙여놓는다고 없는 불심이 막 우러나오냐? 옹달샘처럼 퐁퐁 솟아나? 너희들이 중이야, 아니면 불심을 파는 장사꾼들이야?"

현장법사가 버럭 소리를 지르자 승려들은 그제야 얼굴을 붉히며 고개를 숙였다. 그런 승려들의 귓가로 현장법사의 화난 듯 나직한 음성이 들려왔다.

"자고로 백성이 있어야 나라가 있고 그 다음에야 비로소 황제가 있는 것이다. 죽은 자에게 이런 것이 무슨 소용이 있겠느냐? 세민이 아들을 잘못 가르치고 갔구나."

"늙은이, 입 조심해라. 네가 서 있는 곳이 어디인 줄 모르는 것이냐?"

바로 그때 법당 입구에서 차갑고 음침한 목소리가 들려왔다. 법당 안의 모든 사람들이 깜짝 놀라 돌아보니 목소리의 주인공은 태종의 뒤를 이어 황제가 된 이치였다.

용이 새겨진 황금색 비단 장포와 검은 진주가 알알이 매달린 면류관을 쓰고 있어서 그런지 이치는 과거보다 훨씬 위엄 있어 보였다. 하지만 그 특유의 음침한 표정만큼은 전혀 변하지 않은 듯했다.

그의 차가운 시선은 현장법사를 향해 있었다. 법당 안에는 순간 불안한 적막이 흘렀다.

"오랜만이네요, 태자저하. 아니, 이제는 황제폐하라고 불러야 하죠."

이때 현장법사 앞으로 누군가 끼어들며 밝은 목소리로 이치에게 아는 체했다. 허름한 옷에 바랑을 든 미랑이었다.

"넌……!"

이런 곳에서 미랑을 만나리라고는 생각지도 못한 듯 이치의 눈동자가 순간 커다래졌다.

"오랜만에 뵙네요."

"흠흠, 잘 지내셨죠?"

미랑이 나서자 지아와 한별도 어쩔 수 없이 현장법사의 등 뒤에서 나와 이치에게 인사를 건넸다.

그러는 이치의 눈빛도 다시금 싸늘해졌다. 그리고는 설명해 보라는 듯 현장법사의 곁에 서 있던 승려들을 바라보았다.

그의 찌르는 듯한 시선에 승려들은 두 손을 합장한 채 지금까지의 경위를 간략하게 설명했다.

"그러니까 저 늙은이가 현장법사라고?"

"예, 폐하. 최고의 법력을 가지신……."

"흥! 그따위 것은 내가 알 바 아니다. 내 눈에는 너희들 모두가 똑같아 보이니까."

이치의 눈이 다시 현장법사에게 향했다.

"들었느냐? 짐은 황제다. 당장 머리를 조아리고 용서를 빌어라. 그럼 목숨만은 살려 주마."

지아는 시간이 지나도 전혀 변하지 않은 이치의 건방지고 오만한 태도에 고개를 절레절레 저었다. 하지만 어쩌겠는가? 그의 말대로 그는 황제인 것을. 지아는 현장법사의 옆구리를 가볍게 찔렀다.

하지만 현장법사의 입에서 튀어나온 말은 전혀 예상 밖이었다.

"틀렸소. 이곳에서 가장 높은 분은 저기 저 부처님이지 황제가 아니오. 그러니 내가 머리를 조아릴 대상도 부처뿐이지요. 게다가 이 늙은이의 허리가 제법 뻣뻣하여 어린 황제에게는 잘 구부러지지 않을 것 같군요. 너그러이 이해하시구려."

"으악! 법사님!"

현장법사의 정중하고도 완곡한 거절은 지아와 한별은 말할 것도 없고 모든 일을 긍정적으로 바라보던 미랑의 얼굴빛마저 창백하게 만들었다. 태자일 때도 안하무인 칼을 들고 설쳐대던 이치의 말을 정면으로 거절하다니 당장 칼부림이 나도 이상할 게 없을 정도였다.

우려대로 이치의 얼굴은 벌레라도 씹은 듯 잔뜩 일그러졌다.

"감히 짐을 능멸해?"

치밀어 오르는 화를 참지 못한 이치는 두 눈을 번뜩이며 곁에 서 있던 호위병의 허리로 손을 뻗었다. 그리고는 눈 깜빡할 사이에 긴 검을 빼내 현장법사를 향해 휘둘러갔다.

"노망이 난 것 같으니 내가 직접 죽여주마!"

번뜩이는 칼날이 당장이라도 현장법사를 두 동강 낼 듯하여 지아는 짤막한 비명을 질렀다. 하지만 그보다 먼저 움직인 사람이 있었다.

"안 돼요!"

미랑이 이치의 칼날 앞으로 몸을 날린 것이다.

"으악! 미랑!"

비명을 지른 지아와 한별만 놀란 것이 아니었다. 정작 자신을 향해 칼이 날아들 때는 눈썹 하나 까딱하지 않았던 현장법사의 눈이 찢어질 듯 부릅떠졌고, 신성한 법당 안에서 피를 볼까 주변 승려들의 얼굴은 핏기 하나 남지 않을 정도로 창백해졌다.

"이런!"

그중에서도 가장 놀란 사람은 칼을 휘두른 당사자인 이치 자신이었다. 자신의 앞으로 튀어나오는 미랑을 발견한 순간 그는 다급히 손목을 꺾어 가까스로 내려치던 칼의 방향을 바꾸었다. 하지만 워낙 갑작스러운 일이었기에 미랑의 어깨 어림이 베어지고 말았다.

"무슨 짓이야? 당장 비켜!"

갑작스레 튀어나온 미랑에게 이치가 소리쳤다. 그의 손에 들린 칼에 묻은 핏물이 정갈한 법당 바닥으로 방울방울 떨어져 내리고 있었다.

하지만 미랑의 얼굴에는 변화가 없었다. 피가 뚝뚝 떨어지는 어깨를 감싸지도 않은 채 이치를 똑바로 바라보며 물었다. 화가 난 듯 잔뜩 찌푸린 얼굴이었다.

"비키면요? 뭘 어쩌시게요?"

"몰라서 묻느냐? 짐의 명을 거역한 저 현장이라는 늙은이에게 짐의 위엄을 보여야지!"

"절대 못 비켜요. 차라리 절 죽이세요."

"감히! 감히 너도 내게 거역하겠다는 것이냐? 이번에야말로 대역죄로 죽고 싶으냐?"

독이 오를 대로 오른 이치는 들고 있던 칼을 다시 치켜들어 미랑의 턱밑으로 칼날을 들이밀었다. 미랑의 곁에 서 있던 지아에게까지 솜털이 파스스, 설 정도로 잘 벼려진 칼의 예기(銳氣)가 전해져 왔다.

하지만 미랑은 눈빛 하나 흔들리지 않았다.

"왜, 왜? 이유가 뭐냐? 넌 죽음이 무섭지 않느냐?"

미랑의 맑으면서도 강한 눈빛에 오히려 칼을 겨눈 이치의 손이 부르르 떨려왔다.

"고아나 다름없었던 절 가장 아끼고 이해해 주셨던 황제폐하가 눈앞에서 돌아가셨어요. 그것도 바로 제가 머물던 처소에서요. 비록 그분의 죽음과 무관하지만 전 그것이 반쯤은 제 책임이라고 생각했어요. 지켜드리지 못했으니까. 그래서 유배도 묵묵히 받아들였어요. 하지만 유배지로 가는 동안 제 마음은 갈가리 찢어졌지요."

미랑의 목소리는 담담했다. 그리고 그 담담함에서 그녀의 진심을 읽을 수 있었다.

"그런 저의 마음을 어루만져 주신 분이 현장법사님이에요. 그리고 이곳으로 오는 동안 다시는 소중한 사람을 잃지 않겠다고 결심했어요. 제가 죽는 한이 있어도요. 그러니 현장법사님께 해를 입히실 거면 절 먼저 찌르세요."

말을 마친 미랑은 자신의 결심을 보여 주려 이치 쪽으로 한 걸음 다가섰다. 그 바람에 칼날 끝이 미랑의 목을 살짝 찌르고 말았다.

"무슨 짓이야?"

미랑의 목에 붉은 점이 찍히자 깜짝 놀라 한 걸음 뒤로 물러선 뒤에야 이치는 자신이 일개 소녀를 상대로 뒷걸음쳤다는 것을 깨달았다. 수치와 모욕감으로 그의 얼굴은 붉게 물들었다.

137

이치가 칼을 번쩍 치켜들었다.

"마지막으로 말하겠다. 비켜. 그렇지 않으면 둘 다 죽여 버리겠다."

"……."

하지만 미랑의 단호한 눈빛은 미동조차 하지 않았다. 이치의 눈썹이 순간 씰룩였다.

"정 원한다면 죽여주마!"

쐐액!

다음 순간, 미랑의 미간을 향해 이치의 칼날이 날아들었다.

"꺄악!"

두 눈을 질끈 감은 지아의 입에서 자신도 모르게 비명이 터져 나왔다. 하지만 다시 눈을 떴을 때 이치의 칼날은 바르르 떨며 미랑의 정수리 바로 위에서 멈추어 있었다.

"으아아아아! 짐은 황제다! 천자야! 하늘이란 말이다! 내 말에 복종하란 말이야!"

차마 미랑을 베지 못한 이치는 미친 듯 소리를 지르며 사방으로 칼을 휘둘렀다. 달마가 그려진 족자가 중간부터 잘라지고 황금빛 향로가 뒤집어지며 재가 사방으로 흩뿌려졌다. 황금을 입힌 크고 작은 불상들이 바닥으로 떨어져서 몇 조각으로 부서졌다. 이치의 칼끝에 걸리는 것은 그것이 무엇이든 가리지 않고 박살이 났다.

한별이 재빨리 지아와 미랑의 손을 잡아 현장법사가 서 있던 곳까지 한 발짝 물러섰다. 그리고도 몇 발짝이나 더 물러서서야 이치의 칼바람에서 완전히 벗어날 수 있었다.

법당 한쪽에 있는 승려들 사이에서 누군가 아미타불, 하며 나직이 불호를 읊는 소리가 들렸다.

"폐하, 그만 멈추십시오."

이치가 칼을 멈춘 것은 그로부터 한참 후였다. 누군가의 단호하면서도 부드러운 목소리가 그를 멈춰 세운 것이다.

"이게 다 무슨 일입니까?"

이때, 이치를 멈추게 했던 목소리가 다시 들리자 모든 사람들의 시선이 법당 입구로 향했다. 그곳에는 장손충을 선두로 치렁치렁한 고급 비단 당의와 장신구를 주렁주렁 매단 후궁들이 줄줄이 서 있었다.

장손충을 제외한 모든 사람이 놀람과 짜증이 뒤섞인 눈으로 이치를 바라보고 있었다.

"형!"

이치는 황제임에도 장손충의 비난 섞인 말을 듣자 잘못한 아이처럼 어깨를 움찔거렸다. 그러자 장손충은 가볍게 한숨을 내쉬며 성큼성큼 법당 안으로 걸어 들어왔다.

"자, 무슨 일이 있었는지 모르지만 이건 내려놓으십시오. 잘못하면 폐하도 상처를 입으십니다."

이치의 바로 앞에 멈춰 선 그는 마치 말 안 듣는 개구쟁이 동생을 타이르듯 차분한 말투로 이치를 달랬다. 하지만 이치는 고집스레 고개를 저었다.

"저 늙은이가 날 무시했어. 내 명을 거역하고 날 천둥벌거숭이 어린애 취급했단 말이야. 이것만큼은 도저히 용서할 수 없어."

이치의 사나운 눈이 다시 현장법사에게로 향했다.

장손충의 시선 역시 이치를 좇았다. 그리고 다음 순간, 그의 눈이 크게 떠졌다.

"너희들은?"

그제야 그의 뒤에 서 있던 병사 한 명이 부랴부랴 달려와 나직한 귓속말로 전후사정을 설명했다.

"그렇게 된 거로군."

장손충은 고개를 끄덕였다. 미랑과 지아, 한별을 바라보는 그의 눈에는 웃음기가 묻어 있었다.

"운이 정말 좋군. 그리 큰 죄를 저지르고도 다시 황궁에 발을 디디다니."

미랑을 내려 보던 장손충이 다시 이치 쪽으로 돌아섰다.

"폐하께서 화를 내신 이유는 잘 알겠습니다. 하지만 이곳은 부처를 모신 법당이 아닙니까? 이미 적지 않은 피를 본 듯한데 더 이상은 곤란합니다."

"흥! 감히 짐에게 오만방자를 떤 늙은이를 용서하라고? 싫어! 내 기어이 저 늙은이를 베고 말 거야."

장손충의 침착한 설득에도 이치의 고집은 쉬 꺾이지 않았다. 장손충을 비롯한 법당 안의 모든 사람들의 얼굴이 순간 일그러졌다.

특히나 화가 난 것은 승려들이었다. 자신들이 어렵사리 땅 끝까지 가서 모시고 온 현장법사였다. 승려들은 일행을 황제에게서 보호하려는 듯 미랑과 현장법사, 지아와 한별을 중심으로 빙 둘러섰다. 조금 전에는 너무 놀라 자신들도 모르게 몸을 피했지만 지금은 무슨 일이 있어도 현장법사를 지키겠다는 결연한 의지가 얼굴에 그대로 드러났다.

"폐하, 말씀을 삼가시죠. 이분은 현장법사님이십니다. 더구나 법사님께서는 서역에서 불경을 구한 공을 인정받아 선황으로부터 황족에게 절을 하지 않아도 되는 면책권까지 갖고 계신 분, 폐하께 절을 하지 않는 것이 큰 죄가 되지는 않습니다."

"현장법사님을 굳이 베시려거든 이 늙은이들의 목부터 먼저 치셔야 할 겁니다. 그렇게 되면 천만 불신도 역시 참지 않을 것입니다."

그러나 그들의 외침은 오히려 장손충의 설득으로 간신히 가라앉고 있던 이치의 분노에 기름을 붓고 말았다.

"너희들이 감히 짐을 협박하는 것이냐? 좋아, 그렇게 죽기를 원한다면 모조리 죽여주마! 여봐라! 병사들을 불러라!"

"잠깐만요, 폐하. 무작정 화만 낼 일이 아닙니다."

이때, 묵직한 목소리가 끼어들었다. 새로 등장한 인물은 다름 아닌 장손무기였다.

미랑과 지아, 한별의 몸이 살짝 굳어졌다. 황제가 죽던 밤 그들에게 죽음을 내리려던 그의 얼굴을 알아보았기 때문이었다.

"아버지."

장손충은 가볍게 고개를 숙여 그를 맞았다.

"삼촌……."

이치 역시 장손무기를 향해 아는 체를 했는데 이상한 것은 그의 태도였다. 엄연히 그가 황제이고 장손무기가 신하일 텐데 그의 목소리는 두려운 듯 살짝 떨리기까지 했다.

"보아하니 사정이 복잡한 모양인데 제가 듣기로는 스님들의 말도 일리가 있습니다."

장손무기의 말에 이치는 고집스레 고개를 저었다.

141

"날 협박한 저들을 그냥 풀어주자는 말이에요? 절대 안 돼요!"

"하하! 누가 그냥 풀어준다고 했습니까? 저들의 말을 증명할 기회를 주자는 것이지요."

장손무기의 말에 이치를 비롯한 모든 이들의 눈에 의아심이 스쳤다.

'증명? 기회? 도대체 무슨 말이야?'

한별과 미랑은 물론 지아도 영문을 모르겠다는 듯 고개를 갸웃거렸다. 하지만 위험하리만큼 빛나는 장손무기의 눈빛에서 직감적으로 그리 좋은 말은 아닐 것이라고 생각했다. 그리고 그 직감은 틀리지 않았다.

"스님들이 그토록 칭송하는 현장법사의 법력을 증명할 기회 말입니다. 때마침 우리 당은 오랜 시간 가뭄이 들어 많은 백성이 고통에 시달리고 있지 않습니까? 이럴 때 현장법사님께서 높은 법력으로 비를 내려 주시면 이번 일은 없었던 일로 덮자는 것입니다. 하지만 만일 법사님께서 비를 부르지 못하신다면 법력이 높은 최고 고승이라는 스님들의 말도 틀린 것이니 그 역시 한 개인으로서 처벌을 받는 것은 당연한 이치, 이것이야말로 백성과 폐하, 그리고 스님들 모두 만족할 만한 제안이 아니겠습니까?"

"좋아! 마침 제단도 완성되었으니 어디 그 잘난 법력을 발휘해 보시지!"

장손무기의 말이 끝남과 동시에 이치는 손뼉을 치며 좋아했다. 하지만 승려들과 일행의 얼굴빛은 순식간에 핏빛 하나 없을 정도로 창백해졌다.

"기우제라니요? 말도 안 됩니다."

"아니, 법력으로 비를 부르라니 그게 될 법한 소리입니까?"

승려들이 일제히 반발하고 나서자 이치가 차가운 조소를 날렸다.

"시끄럽다! 언제는 당 최고의 고승이네 하더니 이제 와서 꼬리를 마는 것이냐? 더 이상 떠들 것 없다. 위령제까지는 7일, 그 전까지 현장법사가 비를 내린다면 이번 일을 깨끗이 잊고 그에게 이 법당보다 더욱 크고 화려한 새 사찰을 지어 줄 것이다. 하지만 만약 거절한다면 이 자리에서 당장 너희들 모두를 참수하겠다."

말을 마친 이치는 손가락을 까딱였다. 그러자 법당 밖에서 대기하던 병사들이 우르르 몰려들어 현장법사 주변을 둘러싼 승려들을 마치 짐짝처럼 끌어내기 시작했다.

"이거 놔! 놓아라!"

"폐하! 이러시면 안 됩니다. 민심이 두렵지 않으십니까?"

승려들은 끌려가면서도 필사적으로 이치의 마음을 되돌리려 했지만 이치는 그런 모습조차 재밌다는 듯 키득거릴 뿐이었다.

"흥! 곧 죽을 늙은이들 주제에 걱정도 많군. 그렇게 살고 싶으면 비가 내리기를 빌라고. 열심히 빌어야 할 거야. 아니면 너희들의 피가 장안 전체를 적실 테니까."

그러한 모습을 보고 있던 현장법사의 입에서 무거운 음성이 흘러나왔다.

"허어! 세민이가 내게 큰 업보 하나를 떠넘기고 갔구나. 좋소. 어린 황제께서 이 늙은이의 목숨을 이리 원하신다니 기꺼이 드리리다. 갑시다."

"법사님! 안 돼요!"

미랑이 깜짝 놀라 비명을 질렀지만 이미 이치의 병사들이 현장법사의 팔을 단단히 붙든 뒤였다.

황궁 정문 앞에 세워진 높다란 제단, 하얀 수염에 낡은 가사를 걸친

143

현장법사가 한 걸음 한 걸음 계단을 오르고 있었다. 제단 아래 작렬하는 햇볕을 받아 뜨겁게 달구어진 흙바닥에는 온몸이 꽁꽁 묶인 승려들이 꿇려졌다. 미랑과 지아, 한별은 병사들에게 가로막혀 가까이 가지도 못한 채 발만 동동 구를 뿐이었다.

한낮에 벌어진 이 기묘한 모습에 황궁 앞을 지나는 사람들이 하나둘 모여들더니 나중에는 황궁 앞의 거리를 가득 메울 정도가 되었다. 얼핏 보아도 수천은 족히 되어 보였다.

성벽 위에서 이러한 광경을 보고 있던 이치는 그제야 한 발짝 앞으로 나섰다. 그리고는 성문 앞을 가득 메운 사람들을 향해 큰 소리로 외쳤다.

"모두 잘 보아라! 저기 제단 위에 선 자가 바로 그 유명한 현장법사이다. 이제부터 그가 7일간 부처에게 기도를 해서 이 지긋지긋한 가뭄을 멈춰 줄 것이다. 만일 그렇지 못할 시에는 저 아래 꿇어앉은 늙은 중들이 간교한 말로 짐과 너희들을 기만한 것이니 현장법사와 저 늙은이들 모두를 참수할 것이다!"

이치의 말에 사람들은 깜짝 놀라 제단 꼭대기에 가부좌를 틀고 앉은 현장법사와 제단 아래 꿇려 있는 승려들을 다시 한 번 돌아보았다.

"현장법사님이라고?"

"허어, 저 못된 황제가 이제 현장법사님까지 욕을 보이는군."

"호부견자(虎父犬子)라더니 딱 그 꼴이야. 호랑이 같던 선황이 아들을 잘못 키웠어. 정말 이씨왕조가 망해 버리던지 해야 할 텐데."

"쉿! 그런 말 함부로 했다가는 목이 날아간다고. 그래도 혹시 알아? 고명하신 현장법사님이잖아. 정말로 비가 올지."

"아이고! 비가 어디 법사님 때문에 오고 말고 하는 건가. 다 저 새파

145

란 황제 녀석이 덕이 없어서 그런 거지. 조상도 이씨 황실을 버린 거야. 이 가뭄은 천벌이라고."

모든 사람들의 얼굴에 이치에 대한 분노와 현장법사에 대한 안타까움이 교차하는 가운데 홀로 음흉한 미소를 짓는 사람이 있었다. 바로 황제의 한 발짝 뒤에 선 장손무기였다.

'크크크. 이름 높은 현장법사가 이런 터무니없는 조건을 수락하다니. 이런 장난에 걸려드는 이치나 현장법사나 죄다 멍청이들이지. 이로써 민심은 완전히 이씨왕조를 떠날 터, 그때가 되면 비로소 천하가 나, 장손무기의 손안에 들어오게 되는 거야.'

장손무기는 자신도 모르게 두 주먹을 꾹 쥐어 보였다. 그의 눈길이 곁에 선 아들 충에게 닿았다. 자랑스러운 아들이었다.

'이 아비가 너에게 천하를 넘겨 주마.'

그런 장손무기에게 무심하면서도 날카로운 시선이 날아들었다. 바로 병사들의 뒤에 서 있던 지아였다.

비는커녕 구름 한 점 없는 쾌청한 하늘이었다. 한낮이 가까워지자 내리쬐는 햇볕은 점점 강해져 피부가 따가울 지경이었다.

다행히 병사들은 미랑이 제단 아래의 승려들에게 물과 약간의 먹을 것을 나눠 주는 것을 허락했다. 그들 역시 대대로 부처를 믿는 신자들, 어린 황제의 심술로 승려들이 고생하는 것을 안타까워하는 중이었다. 지아와 한별도 미랑을 도와 승려들에게 음식과 물을 나눠 주었다.

하지만 현장법사가 있는 제단 위는 그 누구도 접근케 하지 말라는 황제의 특별 명령이 있던 터라 병사들은 창을 엇댄 채 조금도 비켜 주지 않았다. 미랑이 아무리 사정을 해도 소용이 없었다. 그 때문에 현장법사는 까마득한 높이의 제단 위에서 물 한 모금 없이 내리쬐는 따가운 태양 볕을 견뎌내야만 했다.

안타까운 눈으로 제단 위를 바라보는 사람들의 귓가에 현장법사 특유의 낮고 카랑카랑한 독경소리가 들려왔다.

"법사님!"

독경소리는 차분하고 낭랑했지만 아지랑이가 피어오를 정도의 뙤약볕이 쏟아지고 있어 얼마나 버틸 수 있을지 걱정이 되었다. 자신을 일깨워 주던 현장법사에 대한 걱정으로 미랑은 발을 동동 굴렀다.

"연세도 많으신데 저러다 틀림없이 일사병으로 쓰러지실 거라구요. 제발 물이라도……."

"안 된다."

"곤란하게 하지 말고 저리 가. 스님들에게 먹을 것을 주는 것도 많이 봐준 거야."

병사들은 요지부동이었다. 황제의 명을 어기고 미랑에게 길을 열어주면 그들 역시 대역죄인이 되는 까닭이었다. 그들은 창대로 미랑을 거칠게 밀쳐냈다.

미랑, 지아, 한별은 그림자가 길게 드리워진 성벽 아래 나란히 쪼그리고 앉아 제단 위를 올려다보고 있었다. 지쳐서가 아니라 달리 할 수 있는 일이 없어서였다.

한낮의 불볕은 지나갔지만 낮 동안 달구어진 공기는 쉬 가시지 않았다. 물을 마시고 부채질을 해도 등을 타고 땀이 흘러내렸다. 자신들이

이럴진대 그림자 한 올 드리우지 않는 현장법사의 고생은 묻지 않아도 충분히 알 수 있었다.

"으아! 미치겠다. 이 시대에는 기상이변 같은 거 없나? 그렇다고 인공강우를 할 수도 없고."

한참 넋 놓고 현장법사를 올려다보던 한별이 머리를 벅벅 긁어대며 짜증스럽게 말했다. 답답해서였다.

그때, 미랑이 지아와 한별의 팔을 힘껏 움켜쥐고 벌떡 일어섰다.

"가자. 아무리 생각해도 이대로는 안 되겠어."

"가자니 어딜?"

의아해하는 지아에게 미랑은 당연하다는 듯 말했다.

"누구긴 누구야. 이치 황제에게 가야지. 가서 사정이라도 해 봐야겠어."

"이치에게? 그게 통할까?"

"하! 미랑아, 상대를 봐 가면서 희망을 갖자. 그 녀석한테는 무슨 말을 해도 안 통해. 차라리 경비병을 매수하는 게 빠르겠다."

지아와 한별은 거의 동시에 입을 열었다. 하지만 미랑은 다시 힘껏 둘의 손을 잡아당겼다.

"되든 안 되든 말이라도 해 봐야지. 우리가 간곡히 설득하면 이치도 틀림없이 마음을 풀 거야."

미랑에게 거의 끌려가며 지아는 힘없는 목소리로 중얼거렸다.

'모든 사람들이 너 같지 않다는 걸 언제쯤 알게 될까…….'

미랑은 지아와 한별을 끌고 황궁 안을 뒤지기 시작했다. 궁 안의 모든 이들이 미랑이 누군지 알고 있었다. 일개 궁녀에서 선황의 호의를 얻어 감로전의 주인이 된, 그러던 어느 날 황제의 독살이라는 대역죄를 저질러 간신히 사형을 면하고 땅 끝까지 유배를 떠났던 소녀. 또한 난데없이 현장법사와 함께 황궁으로 돌아와 사람들을 놀라게 만든 미랑이 유명해진 것은 어쩌면 당연한 일이었다.

그 때문에 황제를 찾아 궁 안을 헤매는 미랑을 막는 사람은 없었다. 하지만 반대로 황제의 소재를 말해 주는 친절을 베푸는 사람도 없었다. 공식적으로 미랑은 아직도 대역죄인이기 때문이었다. 백여 개나 되는 전각과 끝도 없이 넓은 후원들을 일일이 뒤지고 다녀야 할 판이었다. 줄지어 늘어선 전각을 보는 지아와 한별은 벌써부터 한숨을 쉬었다.

하지만 미랑은 포기하지 않았다. 성문에서 가장 가까운 전각부터 하나하나 둘러보는 미랑의 얼굴은 시종 진지했다.

뜻밖에 미랑에게 힘이 되어 준 것은 궁녀들이었다. 어렸을 때부터 미랑과 함께 생활하던 궁녀들은 흙먼지를 뒤집어쓴 채 전각과 전각 사이를 헤매는 미랑과 마주치면 주변의 병사들이 눈치채지 못하도록 손짓과 눈짓을 통해 미랑에게 방향을 가르쳐 주었다.

"고마워!"

"쉬잇! 야, 아는 체하지 마. 누구 죽는 거 보려고……."

"으윽! 쉬잇! 난 너를 본 적도 없는 거야. 후딱 가."

미랑이 환한 웃음과 함께 인사를 할 때면 기겁을 했지만 돌아서는 궁녀들의 입가엔 하나같이 미소가 그려져 있었다.

'친구라는 건가!'

아무리 떠올려도 자신을 위해 저 정도의 위험을 무릅쓸 사람이 단 한 명도 떠오르지 않자 지아의 입에서 가벼운 한숨이 새어 나왔다.

"괜찮아? 다리 아프지? 업어 줄까? 아니면 저기 잠깐 앉았다 갈래?"

눈을 들자 걱정스럽게 자신을 바라보는 한별이 보였다. 아마도 항상 저런 눈으로 자신을 바라보고 있을 한별이었다. 지아의 입가에 작은 미소가 걸렸다.

"아무것도 아니야. 어서 가자."

자신의 어깨를 툭 치고는 바삐 걸음을 옮기는 지아의 뒷모습을 바라보는 한별이 뭔가 이상하다는 듯 고개를 갸웃거렸다.

'어어? 방금 웃은 건가? 아닌가? 잘못 봤나?'

하루 종일 찾아 헤맨 끝에 일행이 이치를 찾은 곳은 놀랍게도 황궁 한쪽에 만들어진 거대한 인공 호수였다. 호수 한쪽의 바위절벽을 타고 시원한 물줄기가 쏟아져 내리며 물보라를 사방으로 흩뿌렸고, 잔잔한 호수 위에는 온갖 색의 꽃과 등으로 꾸민 꽃배가 둥둥 떠다녔다. 그 배 위에는 솜씨 좋은 악사들이 흥겨운 음악을 연주하고 있었다. 황궁 밖으로 한 발짝만 나서면 가뭄 때문에 고향을 떠나 난민처럼 지내고 있는 백성이 수만 명에 달했지만 이곳은 마치 그곳과 천리는 떨어진 듯했다.

이치는 수십 명의 궁녀들과 함께 왁자한 놀이판을 벌이고 있었다. 시간은 이미 해가 뉘엿뉘엿 지는 저녁 무렵이었다.

"나 참! 저런 게 황제면 나라도 하겠다."

한별은 비단 천으로 눈을 가린 채 몸을 피하는 궁녀들을 잡으려 정자 안을 뛰어다니는 이치를 바라보며 혀를 찼다. 미랑도 이치의 어이없는 행동에 실망했는지 얼굴을 찌푸렸다. 하지만 이내 고개를 휘휘 저으며 정자로 통하는 다리 위로 올라섰다.

"너희들은 여기서 기다려."

"하지만……."

지아는 뭐라고 말하려는 한별의 옆구리를 찔렀다. 미랑이 고맙다는 눈빛을 보냈다.

"왜?"

혼자서 다리를 건너는 미랑의 뒷모습을 보며 한별이 뒤늦게 물었지만 지아는 아무 대꾸도 하지 못했다. 스스로도 왜 미랑을 혼자 보냈는지 의아해하고 있었기 때문이었다.

"꺅!"

흙먼지를 뒤집어쓴 미랑이 정자 안으로 들이닥치자 궁녀들은 일제히 정자 가장자리로 몸을 피했다. 자신들의 비단옷에 더러운 먼지라도 묻을까 해서였다. 순식간에 정자의 너른 공간에는 눈을 가린 채 양팔을 마구 휘젓는 이치와 미랑만이 남게 되었다.

얼마 지나지 않아 이치의 손에 미랑의 옷깃이 닿았다.

"하하하! 드디어 잡았다! 잡힌 사람은 물에 빠지기로 했지……."

이치의 웃음은 눈을 가린 천을 풀어내는 순간 끊어졌다. 그는 자신의 앞에 서 있는 미랑을 보며 물었다.

"네가 왜 여기 있는 거냐? 게다가 옷은 왜 이리 더러워? 완전 거지꼴이로군. 쯧쯧, 가뭄이라고 씻을 물도 없더냐?"

이치의 조롱 섞인 말에 궁녀들은 입을 가리며 키득거렸다. 하지만 미랑의 얼굴은 진지했다.

"부탁이 있어서 왔어요. 제발 현장법사님……."

미랑이 본론을 꺼내기도 전에 이치가 말을 끊었다.

"원한다면 위령제가 끝날 때까지 맛있는 음식과 깨끗한 옷을 주마. 편히 쉴 수 있도록 전각을 내어 줄 수도 있다. 예전에 쓰던 감로전이면 적당하겠지. 하지만 현장법사에 대한 이야기는 꺼내지 마라. 그는 날 모욕했고 그에 합당한 대가를 치르는 중이니까."

"하지만 너무 연로하세요. 물이라도 허락해 주세요."

미랑은 끈질기게 이치를 설득했다. 하지만 이치의 태도는 완강했다.

"거절한다. 책에서 보니 법력이 높은 사람들은 먹지도, 자지도 않는다더군. 현장법사 역시 고승이니 그 정도로 죽지는 않겠지. 귀찮게 하지 말고 가라."

그는 성난 눈을 치켜뜬 채 내뱉고는 궁녀들을 향해 소리쳤다.

"흥이 깨졌다. 조양전으로 돌아갈 테니 산해진미(山海珍味)를 가득 올린 상을 차려라. 그리고 이 아이도 끌어내. 두 번 다시 내 눈에 띄게 하지 마라."

"나와. 폐하 말씀 못 들었어?"

"어서 따라와. 너 때문에 사방이 온통 먼지투성이잖아. 더럽게."

이치가 성큼성큼 큰 걸음으로 정자를 떠나자 궁녀들은 이치의 말대로 정자 밖으로 미랑을 질질 끌어냈다. 그리곤 연못 가장자리에 가까워지자 다리 위에서 밀쳐냈다.

풍덩!

"꺅!"

미랑은 짧은 비명을 지르며 연못으로 떨어졌다. 수심은 무릎 높이 정도로 낮았지만 떠밀려 넘어지는 바람에 머리에서 발끝까지 온통 흙투

성이가 되는 것은 피할 수 없었다.

"미랑!"

연못가 근처에서 미랑을 기다리던 한별이 다급히 연못으로 뛰어들었다.

"깔깔깔! 저 꼴 좀 보라지."

"호호호! 그래도 우리 덕분에 먼지는 닦아졌을 거 아니야? 고마워해야지."

"황제폐하 말씀 들었지? 두 번 다시 귀찮게 하지 마."

한별의 도움을 받아 간신히 몸을 일으킨 미랑의 머리 위로 궁녀들의 비아냥거림이 쏟아졌다. 궁녀들은 그렇게 한바탕 미랑을 비웃고는 깔깔거리며 저편으로 사라졌다.

"괜찮아?"

한별의 걱정스러운 물음에 미랑은 씩씩하게 고개를 끄덕이고는 두 주먹을 불끈 쥐어 보였다.

"응. 이 정도로 기가 죽을 무미랑이 아니니까 걱정 마. 오늘은 겨우 첫날일 뿐이잖아. 아직 6일이나 남았으니 그 안에 어떻게든 설득할 거야."

"그나저나 이건 씻어야 할 텐데 어디서 씻지?"

여전히 씩씩한 미랑의 머리와 옷에서 수초를 떼어 주던 한별이 묻자 미랑은 씩 웃으며 대답했다.

"눈앞에 두고 찾긴 뭘 찾아?"

"응?"

"물 말이야. 여기 이렇게 많잖아."

미랑은 말을 마치고는 연못으로 다시 풍덩 뛰어들었다. 그리고는 수심이 좀 더 깊은 곳으로 헤엄쳐 갔다.

"봐! 여긴 물이 깊고 깨끗하잖아. 게다가 엄청 시원해. 너희들도 들어와."

밝은 표정으로 자신들을 향해 손짓하는 미랑을 어이없다는 듯 바라보던 한별이 어깨를 으쓱였다.

"에라. 나도 모르겠다."

풍덩!

"우와! 진짜 시원해. 지아, 너도 어서 들어와."

미랑의 근처까지 헤엄쳐 간 한별이 연못가에 서 있던 지아에게 손짓을 했다.

"난, 난 됐어."

온통 땀에 젖은 것은 지아도 마찬가지였다. 한별의 말처럼 무척 시원해 보이기도 했다. 하지만 선뜻 물에 뛰어들진 못했다. 신나게 물장구를 치는 행동 자체가 낯설었기 때문이었다.

"애초부터 저런 거 좋아하지도 않으니까."

지아는 다시 한 번 자신에게 낮게 되뇌었다.

다음 날도, 그 다음 날도 미랑은 끈질기게 이치를 찾아갔다. 낮에는 이치가 물놀이를 하는 연못으로, 밤에는 그의 숙소인 조양전 앞마당으로 무작정 뛰어든 미랑은 간곡하게 현장법사의 구명을 청했다. 하지만 돌아오는 것은 항상 이치의 차가운 조소와 궁녀들의 멸시뿐이었다. 그러는 사이 어느덧 시간은 흘러 마침내 약속된 7일째 아침이 밝았다.

"백 번을 찾아와도 내 답은 같다. 오늘 안에 비가 오지 않으면 그는 죽는다. 나를 더 이상 귀찮게 하면 너도 함께 죽이겠다."

해도 뜨기 전에 조양전 앞에서 그를 기다리는 미랑을 발견한 이치의

목소리가 낮게 깔렸다. 드디어 인내심이 바닥난 것이다. 멀리서 자신을 지키는 호위들을 제외하고는 아무도 없어 그의 목소리는 더욱 위협적으로 들렸다. 미랑은 자신도 모르게 어깨를 움츠렸다. 하지만 포기하지는 않았다.

그녀는 자신의 곁을 스쳐 지나는 이치를 향해 다급히 손을 내뻗었다. 내뻗은 손에 이치의 황금빛 옷깃이 잡혔다.

"감히! 정말 죽고 싶어?"

이치가 거칠게 미랑의 손을 쳐냈다.

"죽고 싶지 않아요. 하지만 현장법사님을 구할 수 있다면 기꺼이 이 목숨도 내놓겠어요."

성난 이치의 눈길을 피하지 않고 마주보며 미랑은 외쳤다. 그러자 처음으로 이치의 눈빛이 흔들렸다.

"왜? 도대체 왜 그 늙은이를 위해 이렇게까지 하느냐?"

"그러고 싶으니까요."

미랑은 이치 앞에 털썩 무릎을 꿇었다.

"제겐 가족이라고는 없어요. 하지만 누구보다 많은 사랑을 받았어요. 특별하게 만난 지아와 한별, 과분하게 절 아껴 주시던 태종폐하, 그리고 제가 힘들 때 혼내고 다독여 주시던 현장법사님. 모두 제겐 가족 같은 사람들이에요. 그러니까…… 커헉!"

"가족? 웃기지 마. 넌 한낱 궁녀일 뿐이야. 아바마마는 너 같은 아이가 함부로 입에 올릴 분이 아니란 말이다! 한 번만 더 아바마마에 대해 언급하면 그땐 정말로 죽이겠다!"

미랑이 말을 끝내기도 전에 이치의 억센 손이 미랑의 옷깃을 들어쥐었다. 그리고는 자신 쪽으로 바싹 당겨 마구 고함을 쳐댔다. 분노한 그의 목소리가 황궁 전체에 울릴 정도였다.

"으, 심하다. 완전 새파래. 이치 그 녀석, 정말 인정사정없이 패대기 쳤군."

한별은 새파랗게 멍든 미랑의 무릎에 약을 발라 주며 툴툴댔다.

"그러게 왜 너 혼자 가? 혼자 가니까 이치 그 녀석이 더 심하게 굴잖아."

"하지만, 오늘이 마지막인걸."

미랑답지 않게 시무룩한 말투에 한별이 입을 다물었다.

"그나저나 이제 어쩔 거야?"

지아는 미랑에게 말하며 손가락으로 위쪽을 가리켰다. 비는커녕 구름 비슷한 것도 하나 없는 쾌청한 하늘이었다. 아직 오전 시간이었지만 태양은 벌써 뜨겁게 달궈지고 있었다. 조금 있으면 타는 듯한

불볕이 내리쬘 것이다.

"후우~ 나도 모르겠어. 정말 모르겠어."

미랑의 얼굴이 좌절감으로 어두워졌다. 이런 표정은 미랑을 만난 후 처음인 것 같았다.

"이치는 여전히 요지부동이야?"

"응. 아까는 나한테 마구 소리까지 쳤어. 그런데 이상한 건 그의 눈빛이야. 화가 난 것 같기도 하고 슬픈 것 같기도 했거든. 특히 내가 가족 운운할 때는 울 것 같았어."

새벽에 있었던 일에 대해 이야기하는 미랑에게 한별은 웬 말도 안 되는 소리냐며 뚱한 표정을 지었다.

"화가 난 거면 화가 난 거고, 슬프면 슬픈 거지 그게 뭔 소리야?"

한별과 달리 지아는 곰곰이 생각에 잠겼다가 불쑥 말했다.

"어쩌면 우리가 잘못 생각하고 있는 건지도 몰라."

"응?"

지아가 뭔가 적극적으로 의견을 낸 경우는 극히 드문 일이라 한별과 미랑은 동시에 지아를 바라보았다. 그러자 지아는 어색한 듯 잠깐 입술을 축이고 말을 이었다.

"이치가 계속 화를 내는 건 누군가 자신의 이야기를 들어 주기를 원해서일지도 몰라. 그런데 넌 계속 네 이야기만 했잖아. 그러니 대화가 통하지 않지. 그에게 네 이야기를 들려주려면 먼저 이치가 마음을 열 때까지 기다렸다가 그의 이야기를 들어 줘야만 해."

"하지만 이치 그 녀석이 하는 이야기라고는 짐은 황제니 절대 복종해라, 아니면 다 죽여 버리겠다, 뭐 이런 한심한 것들뿐이잖아. 고치 속에 틀어

앉은 번데기마냥 고집불통이라 도무지 말이 통하지 않는 녀석이라고."

툴툴거리는 한별의 말을 듣고 있던 미랑의 눈빛이 반짝였다.

"아, 맞다! 거기라면 황제도 꽁꽁 숨겨둔 속마음을 털어놓을 거야. 먼저 갈게!"

"야! 어디가?"

"나도 갈래. 이치가 무슨 말을 하는지 들어보고 싶어졌어."

"지아 너까지……. 기다려! 같이 가!"

갑자기 벌떡 일어나더니 후원 방향으로 달려가는 미랑과, 미랑의 뒤를 따라 걸음을 옮기는 지아의 뒷모습을 보며 고개를 갸웃거리던 한별이 후다닥 지아의 뒤를 쫓았다.

끼이익.

노을이 지기 시작한 저녁시간, 아무도 없는 서각의 문이 열리며 누군가 비틀거리는 걸음으로 들어왔다. 바로 이치였다. 만취한 듯 위태로운 걸음으로 들어서던 그의 발길이 향한 곳은 어렸을 때 그의 물건들을 놓아둔 조그만 방이었다.

미끄러지는 손으로 가까스로 문을 연 이치는 어두운 방에 들어서자마자 발이 꼬여 바닥에 넘어지고 말았다.

"큭큭."

스스로도 자신의 행동이 우스운지 이치는 낄낄거리며 일어날 생각도 않고 아예 그 자리에 벌렁 드러누워 버렸다.

"국정은 장손무기에게 빼앗기고 병권은 이적에게 빼앗긴 채 궁녀들과 술독에 빠져 사는 황제라! 꼴좋다. 지나가는 개에게 황제를 시켜도

이보다는 잘 할 거야. 하긴, 아버지가 쌓아올린 걸 몽땅 망쳐 버리겠다고 다짐한 망나니 황제에게는 아주 어울리는 짓이지."

낄낄거리던 그의 눈가에 작은 눈물 한 방울이 맺혔다. 어둠 속에서 울리는 그의 목소리는 짙은 회한과 후회, 그리고 슬픔이 가득했다.

"애초에 나 같은 놈이 황제가 되는 게 아니었어. 당은 이제 끝났어."

"아직 늦지 않았어요. 폐하께서는 선황의 뒤를 이어 성군이 되실 수 있어요."

이때 어두운 방 안에 작은 불꽃이 일며 누군가의 목소리가 들렸다. 깜짝 놀란 이치가 벌떡 일어나 보니 방 한구석에 놓인 초에 불을 붙이고 있는 사람은 미랑이었다.

"너, 너?!"

당혹감에 물든 그의 얼굴에는 금세 분노가 떠올랐다.

"또 너냐? 네가 뭔데 감히 나에게 훈계냐? 잠시 아바마마의 총애를 받았다고 기고만장한 것이냐?"

"그렇지 않아요. 전 폐하께서 진심으로 성군이 되길 바랍니다. 그러니 우선 자신에게 솔직해야 해요. 힘든 게 뭔지 말씀해 주세요. 미약하나마 제가 도움이 될 지도 모르잖아요."

미랑이 다급히 말했다.

"이 방만 해도 그래요. 예전 제 말대로 이치폐하는 외로우신 거죠? 선황께서는 항상 무서우리만큼 엄하셨으니까요. 그래서 이곳에서 마음의 평정을 얻지 못하…….."

"그만! 그만둬!"

이치는 정말로 미랑을 죽일 것처럼 미랑에게 달려갔다. 그리고 그녀의 작고 가느다란 목을 양손으로 강하게 움켜잡았다.
"나에 대해 아는 것처럼 말하지 마! 넌 아무것도 몰라!"

"앗!"
 지아와 함께 방문 틈으로 이 광경을 엿보고 있던 한별의 입에서 외마디 비명이 터져 나왔다. 안에서 무슨 일이 벌어지더라도 들어오지 말라는 미랑의 당부가 있었지만 더 이상 지체했다가는 당장이라도 미랑의 목이 부러질 것 같았다. 한별은 벌떡 일어섰다.
"잠깐만."
 지아가 그런 한별의 팔을 다급히 잡았다.
"왜? 이럴 시간 없어."
"조금만 더 기다려."
"저거 안 보여? 이치 녀석, 완전 사이코야. 저러다 미랑이 정말 죽을지도 모른다고."
"그래도 조금만 더 기다려."
 지아는 손가락으로 안쪽을 가리켰다.

"크윽~ 태종폐하께서 폐하를 믿지 않았다면 어째서 태자로 책봉했겠어요? 본인을 믿어야 해요."
"믿었다고? 웃기지 마! 내가 어떻게 태자가 됐는지 알아? 큰형님과 작은형님이 서로 황위를 다투다가 죽었기 때문에 아바마마도 어쩔 수 없이 나를 태자로 삼으신 거야. 하지만 그 결과는 비참했지. 매일매일 망신을 당하고 수모를 겪었어. 난 아버지에게 항상 모자란 놈이었다고."

이치는 목이 졸려 숨을 헐떡이는 미랑을 바닥에 내팽개치며 냉소적으로 내뱉었다. 바로 그때 그의 목에서 검은 빛이 감도는 거북이 목각 인형이 달린 목걸이 하나가 삐죽 튀어나왔다. 등에는 정교한 등딱지 무늬를 새기고 배 부분에는 붉은 글씨로 무엇인가를 기원하는 부적이 새겨진 목각이었다.

막혔던 숨이 트여 한동안 꺽꺽 숨을 몰아쉬던 미랑의 눈이 갑자기 커졌다. 그리곤 떨리는 손을 자신의 목으로 가져갔다.

"이것을, 봐 주세요."

미랑이 목에 건 거친 무명줄을 당기자 줄에 매달린 목각인형이 하나 딸려 나왔다. 이치의 목에 걸려 있는 것과 똑같은 거북이 목각이었다. 크기도, 모양도, 손길을 많이 타 반질반질 윤이 나는 것까지 꼭 같았다. 이치의 눈이 크게 부릅떠졌다.

"그건, 이리 내놔!"

이치가 미랑의 목에 걸린 목각을 다급히 낚아채고는 잡아 뜯었다. 강하지 않은 그의 힘으로도 헐거운 무명줄은 쉬 끊어졌다. 그렇게 빼앗은 거북이 목각을 그는 행여 잃어버릴까 두려운 듯 꽉 쥐었다.

"이것이 어디서 났느냐?"

떨리는 목소리로 이치가 물었다.

"그 목각은 태종폐하께서 승하하실 때까지 소중히 간직하시다가 마지막 순간에 황금보도와 함께 남겨 주신 물건이에요. 지켜달라는 듯 꼭 쥐어 주셨죠. 이제 보니 이것은 폐하의 것과 한 쌍이었군요."

미랑의 말이 이어지는 동안 이치의 눈은 끊임없이 흔들렸다. 이 거북이 목각은 아직 태자가 아닌 병약한 왕자였던 그에게 직접 찾아온 태종이 손수 그의 목에 걸어 준 것이었다.

"나도 아버님에게 받은 것이다. 넌 믿지 않겠지만 나도 예전에는 툭하면 자리에 드러누울 정도로 허약했다. 그런데 아버지가 이걸 주셨지. 원래 하나의 나뭇가지에서 깎아낸 이 두 개의 거북이는 걸고 있는 사람들의 기를 통하게 해 준다는 말과 함께."

언제인지 기억조차 나지 않을 정도로 오래전이었지만 태종의 인자한 목소리는 마치 어제 들은 듯 생생하게 기억났다. 하지만 태자가 되고 나자 태종은 언제 그런 일이 있었냐는 듯 그를 몰아붙이기만 했다. 당연히 이 목각에 대해서도 이미 까맣게 잊고 있을 것이라 생각했다.

그런데 뜻밖에도 미랑에게 이 물건이 전해진 것이다. 그것도 자신의 것만큼이나 손때가 묻은 채. 이치의 목소리가 파르르 떨렸다.

"믿을 수 없다……. 아버지가 이걸 계속 지니고 계셨다고?"

"그래요. 그것도 무척이나 소중하게. 태종폐하는 당신을 사랑하셨어요. 안타깝게도 그걸 표현하지 못하셨을 뿐이지요."

미랑의 말에 비로소 이치의 눈시울이 붉어졌다. 그 동안 오해하고 자책한 세월이 너무도 길었기 때문이었다.

"그래서 날 그렇게 엄하게 대하셨구나. 하지만 이미 늦었어. 장손무기에게 모든 걸 빼앗겨 버리고 백성 또한 내게 등을 돌렸어. 돌이킬 수 없다고."

툭! 투욱!

이치의 손에 힘이 빠진 듯 두 개의 거북이 목각이 바닥으로 떨어졌다. 미랑은 그것을 집어 들었다. 그리고 이치에게 다시 내밀었다.

"포기하시면 안 돼요. 아직 늦지 않았어요. 태종폐하가 그랬던 것처

163

럼 부패한 관리들을 몰아내고, 충신들을 모으면 돼요. 민심을 모으는 건 현장법사님이 도와주실 거예요."

미랑의 말투는 언제나처럼 진실한 힘이 담겨 있었다. 한동안 미랑의 얼굴을 뚫어져라 바라보던 이치가 힘겹게 말을 꺼냈다.

"그, 그럼 네가 날 도와주겠느냐? 끝까지 내 곁에, 있어 줄 수 있느냐?"

"물론이지요."

미랑의 시원한 대답과 미소에 이치의 얼굴이 살짝 붉게 물들었다. 머쓱한 그는 미랑이 내민 손에서 목각 하나를 집어 들었다. 그리고 그녀의 손을 모아 쥐었다. 그 안에는 여전히 태종의 것이었던 거북이 목각 하나가 들어 있었다.

"이것은 네 것이니 계속 가지고 있어라. 어쩌면 네 대책 없이 괄괄한 기운이 나에게 조금이라도 전해질지 아느냐?"

"하하! 정말 그랬으면 좋겠어요."

미랑의 얼굴에도 환한 미소가 떠올랐다. 이치의 얼굴에 어린 홍조가 조금 더 짙어졌다.

"으이그, 저 속 없는 것. 금방 전까지 목을 조르던 녀석에게 뭐가 좋다고 헤헤 웃기까지 하냐고."

창을 통해 안쪽을 엿보던 한별이 답답한지 제 가슴을 쿵쿵, 쳤다. 어찌어찌 상황이 해결된 듯했지만 그 동안 당한 게 억울해 미치겠다는 표정이었다.

그런 한별을 보던 지아가 피식 웃었다.

"상대를 강제로 무장해제시키는 저 웃음이야말로 미랑의 가장 큰 무

기 같아."

"무기는 무슨 무기. 웃는 건 네가 더 예쁘다고. 자주 안 웃어서 탈이지만."

한별이 툴툴거렸다.

쿠르르릉~!

순간 저 멀리서 은은한 뇌성이 들려왔다. 한별과 지아는 깜짝 놀라 서각 밖으로 달려 나갔다.

"저건?!"

조금 전까지만 하더라도 붉은 노을이 곱게 물들었던 하늘은 어느새 몰려온 새까만 먹구름으로 뒤덮여 있었다. 지아와 한별의 눈은 믿을 수 없다는 듯 커다래졌다.

"서, 설마!"

어느새 서각에서 뛰쳐나온 미랑과 이치 역시 놀란 얼굴로 하늘을 올려다보았다. 넷의 시선이 한 순간 부딪혔다.

"말도 안 돼!"

"흥, 그 말도 안 되는 걸 시킨 사람이 대체 누군데?"

"야호! 법사님이 해내셨어. 이제 안심이라고!"

이치는 믿을 수 없다는 얼굴로 먹구름을 올려다보았고, 한별과 미랑은 제자리에서 팔짝팔짝 뛰며 호들갑을 떨었다.

하지만 웬일인지 지아는 아까보다 더욱 심각한 얼굴로 말했다.

"그게 아니야. 오히려 더 위험해지셨는지도 몰라."

7장_ 본심을 드러낸 장손가

쿠르르르!

"이, 이럴 수가!"

요란한 뇌성이 들리자 막 침대에 누우려던 장손충은 침대에서 굴러 떨어지듯 내려와 안뜰로 달려 나왔다. 어찌나 다급했는지 신발을 신을 새도 없었다. 그리고 다음 순간, 하늘을 올려다보는 그의 눈은 불신으로 부릅떠졌다. 어느새 천지를 가늠하기 힘들 정도의 짙은 먹구름이 하늘을 가득 메우고 있었던 것이다.

"말도 안 돼, 사람이 어찌……."

장손충은 자신도 모르게 중얼거렸다.

"어머머머! 얼마 만에 보는 비구름이야. 드디어 비가 오려나 봐."

"현장법사님이 인도에서 얻은 엄청난 법력을 드디어 발휘하는 거야. 과연 최고의 법사님이야."

"그게 아니지. 돌아가신 태조폐하와 태종폐하께서 돌보시는 거지. 하늘이 아직 이씨 황실을 버린 게 아니라고."

그의 속도 모른 채 하녀들과 일꾼들은 얼굴 가득 함박웃음을 지으며 기뻐했다.

"시끄럽다! 당장 아버님에게 전갈을 넣고 병사들을 불러라!"

장손충은 하인들에게 커다랗게 고함을 지른 후 급히 몸을 돌렸다. 그의 발길이 향한 곳은 문짝을 걷어차고 나온 방 안이었다.

'이렇게 끝낼 수는 없어!'

그의 손에는 어느새 방 한쪽 벽에 걸려 있던 장검이 들려 있었다.

"아직 끝난 게 아니야!"

칼집에서 뽑혀 나온 칼날이 그의 눈빛과 같이 예리하고 날카롭게 빛났다.

같은 시간, 미랑과 지아, 한별, 이치 네 사람은 점차 거세지는 바람을 맞으며 황궁의 성문으로 달려갔다. 하지만 성문 앞에 도착한 일행은 뜻밖의 장애물에 부딪쳤다. 바로 성문을 지키는 위사들이었다.

"성문을 열어라!"

"곤란합니다, 폐하. 장손무기님의 엄명으로 묘시(卯時, 새벽 5시~7시 사이) 전에는 절대로 성문을 열 수 없습니다. 부디 이해해 주십시오."

"날 모르겠느냐? 난 황제란 말이다! 어서 열어라!"

"죄송합니다만 황제폐하시니 더욱 곤란합지요. 지금 밖에 나가서서

다치기라도 하시면 큰일 아닙니까?"

아무리 이치가 엄포를 놓고 위협을 가해도 성문을 지키는 위사들은 눈썹 하나 까딱하지 않았다. 오히려 발을 동동 구르는 이치를 보는 눈에 조롱기마저 깃들어 있었다.

"으악! 미치겠네. 시간이 없다고요!"

성격 급한 한별이 버럭 소리를 지르며 한 발 앞으로 나섰다. 그러자 위사들이 창을 앞으로 삐죽 내밀었다. 내민 것뿐만 아니라 한 발짝 다가와 어느새 일행의 주변을 빙 둘러쌌다.

"꼬마야, 까불지 말고 저리 가라. 어른 말 안 들으면 다친다."

위사들 중 누군가 말했다. 한별에게 한 말이지만 한별과 같은 또래인 황제 이치에게도 해당되는 말이었다. 이치의 얼굴이 분노로 벌겋게 물들었다.

"마지막으로 명하겠다. 당장 성문을 열어라. 그렇지 않으면 모두 참수형에 처하겠다."

이치가 허리에 매어둔 칼을 뽑으며 소리쳤다. 하지만 보석이 잔뜩 박힌 그의 칼은 무기라기보다는 장신구에 가까웠다.

위사들은 상관없다는 듯 피식 웃었다.

"흥! 좋아요. 아저씨들이야말로 조심해요. 이래 봬도 내가 현장법사님 밑에서 수련한 제자라고요."

참다못한 한별이 바닥에 떨어진 기다란 죽봉 하나를 들어올리며 이치의 앞으로 한 발 나섰다.

자신을 위해서 선뜻 나서는 한별이 의외인지 이치는 눈을 크게 떴다. 한별도 그의 시선을 느꼈는지 작게 툴툴댔다.

"너, 아니, 폐하 때문에 하는 게 아니라구요. 현장법사님 때문에 이러는 거지."

말을 마친 한별은 붕붕, 죽봉을 돌리다가 어느 순간 버럭 고함을 지르며 위사들을 향해 돌진했다.

"갑니다! 다들 알아서 피해요!"

한별은 커다랗게 외치며 팽팽하게 당겨진 활에서 살이 튕겨져 나가듯 땅을 박차고 달려 나갔다. 산사에서 대나무 사이를 뛰어다니며 물을 긷던 솜씨 그대로였다. 그리고 힘껏 죽봉을 휘둘렀다. 그것 역시 줄기차게 내리찍던 도끼질 그대로였다.

부아악!

한별의 봉이 엄청난 소리를 내며 날아들자 창을 내밀고 있던 위사들은 깜짝 놀라 한 걸음 물러섰다. 몇 년간 제대로 훈련조차 받지 못한 그들의 창대를 한별의 죽봉이 힘껏 후려쳤다.

"으악!"

"컥! 손바닥이……."

캉! 카앙!

손아귀가 찢어진 위사들은 창을 바닥으로 우르르 떨어뜨렸다. 한별도 너무 쉽게 위사들을 물리치자 의외라는 듯 고개를 갸웃거렸다.

"어라? 내가 너무 센 거야? 아님 저 아저씨들이 너무 약한 거야?"

하지만 그것이 끝이 아니었다. 저 멀리서 정식 갑옷을 입은 병사 한 무리가 고함을 지르며 달려오고 있었다. 언젠가 보았던 금위위 제독이라던 공손휘가 선두였다. 무척이나 당황한 표정이었다.

"저쪽은 지금처럼 쉽지 않겠는데?"

한별이 말하자 미랑은 서둘러 이치를 재촉했다.

"빨리 가요."

한별이 뒤를 견제하는 동안 이치와 미랑, 지아가 성문을 잠근 묵직한 빗장에 달라붙었다. 그리고는 온 힘을 다해 밀어 올렸다.

쿠웅!

묵직한 소음과 함께 드디어 성 문이 열리자 현장법사가 올라가 있는 제단이 손에 잡힐 듯 당겨져 보였다. 하늘 위를 꽉 매운 먹구름이 시작되는 곳이 바로 그곳인 듯 제단 위는 시꺼먼 먹구름들로 소용돌이치고 있었다. 그리고 그 아래 앉아 있는 현장법사의 낡은 가사자락이 거세진 바람에 찢어질 듯 팽팽하게 휘날리고 있었다.

"가요!"

힐끗 자신들의 뒤를 맹렬히 추격하는 금위위 무사들을 돌아본 미랑이 이치의 팔을 끌어당겼다. 제단 주변의 모습에 시선을 빼앗겼던 한별과 지아도 추격자가 있다는 것을 이내 깨닫고는 제단을 향해 달리기 시작했다.

"저기!"

그와 동시에 지아의 손가락이 한 방향을 가리켰다. 먹구름 때문에 밤처럼 어두워진 장안 거리를 횃불을 밝혀든 한 무리의 병사들이 빠른 속도로 가로지르고 있었다. 그 선두에는 장손충이 있었다. 그들이 향하고 있는 방향 역시 제단 쪽이었다.

"빨리!"

미랑의 입에서도 다급한 외침이 터져 나왔다.

제단 아래 도착한 장손충의 얼굴은 돌처럼 딱딱하게 굳어졌다. 이곳까지 오는 동안 황실과 현장법사, 그리고 황제를 입 모아 칭송하는 백성의 목소리를 끊임없이 들었기 때문이었다.

"흥! 안될 소리! 아버님과 내가 어떻게 키워온 야망인데 이대로 끝낼 수는 없다."

칼을 잡은 장손충의 손아귀에도 힘이 들어갔다. 고개를 들어 현장법사를 힐끗 노려보는 그의 눈에 살기가 흘렀다.

"멈춰!"

바로 이때, 등 뒤에서 누군가의 커다란 고함이 들렸다. 황급히 뒤를 돌아본 장손충의 눈이 놀람으로 커다래졌다.

"장손충은 멈춰라."

가까스로 장손충을 따라잡은 이치는 가쁜 숨을 삼키며 말했다. 지아와 미랑, 한별 역시 크게 숨을 몰아쉬며 이치의 옆에 멈춰 섰다.

"오오, 폐하!"

제단 아래 포박되어 있는 노승들은 미랑과 함께 나타난 황제를 발견하고 안도의 탄성을 터뜨렸다. 하지만 안심하기엔 너무 일렀다. 막 제단 위로 칼을 든 채 올라서려던 장손충은 자신을 불러 세우는 이치를 찌푸린 얼굴로 돌아보았다.

"황제께서 여기까진 어인 일이신지요?"

"당장 내려오고 군사들을 물려. 그렇지 않으면 반역죄로 다스리겠다."

이치는 장손충의 말에 대답하지 않은 채 단도직입적으로 말했다. 그러자 장손충의 눈빛이 한층 더 험해졌다. 그는 정말 화가 난 듯 성큼성

큼 이치에게 다가왔다.

이치의 코앞까지 다가선 그는 이치를 차가운 눈으로 쏘아보며 말했다.

"반역? 이 건방진 꼬맹이가! 다들 폐하, 폐하 하며 굽실거리니 네가 정말 황제인 줄 알아? 누가 널 황제로 만들어 줬는지 잊었어? 도대체 잘난 너의 두 형들을 누가 없애 주었다고 생각하지? 영원히 죽지도 않을 것 같았던 황제를 누가 없애 주었고? 아버님과 내가 아니었으면 네가 아직까지 살아 있을 것 같아? 그런데 반역? 오히려 배은망덕한 것은 너다!"

"뭐, 뭐라고? 그럼 당신이 아바마마를?!"

"맙소사!"

장손충의 독설에 이치는 충격을 받고 휘청거렸다. 이치뿐이 아니었다. 미랑과 한별도 깜짝 외마디 비명을 질렀다. 다만 지아만이 평소처럼 무표정하게 서 있었다.

경악하는 일행에게 장손충은 비웃음을 날렸다.

"흥! 이제야 그걸 알아채다니. 그런 줄도 모르고 넌 아버님에게 삼촌, 삼촌 하며 굽실댔고, 내게는 형이라 부르며 졸졸 따라다녔지. 귀찮아 죽여 버릴까도 했지만 이 날을 위해 살려둔 거야. 이제야 면류관이 제 주인을 만날 때다. 너에게는 애초에 어울리는 것이 아니었어."

"난 아직 황제다! 모두 들었지? 이자가 선황의 살해범이다. 저자를 당장 잡아라!"

이치는 어느새 바로 뒤까지 쫓아온 금위위 병사들을 돌아보며 소리쳤다. 하지만 웬일인지 그들은 이치의 뒤편에 늘어선 채 침묵을 지킬 뿐이었다. 이치의 얼굴이 딱딱하게 굳어졌다.

"어리석긴! 아직도 저들이 네 부하로 보이느냐? 금위위는 벌써 예전에 내게 충성을 맹세했다."

장손충이 싸늘히 웃으며 말을 이었다.

"네 어리광을 받아 주는 것도 오늘이 마지막이다. 내일이면 천하의 주인이 바뀌어 있을 것이다. 모두 죽여라!"

장손충이 손을 번쩍 들며 외쳤다. 그러자 앞뒤에 늘어선 병사들이 일제히 칼을 뽑으며 일행을 향해 다가오기 시작했다.

"이제 내 말을 믿나요?"

바로 이때 지아가 느닷없이 장손충의 뒤쪽을 향해 말했다. 그녀답지 않게 제법 큰 목소리여서 모든 사람들의 시선이 지아에게 집중되었다.

지아의 돌발행동에 흠칫 뒤를 돌아볼 뻔한 장손충은 이내 피식 웃었다.

"하하. 뭔가 있는 듯 굴어서 시간을 벌어 보겠다? 그런 유치한 방법이 통할 것 같으냐?"

"믿는 게 좋아. 거짓말은 안 하는 아이 같으니까."

카랑카랑하면서도 굵직한 노인의 음성이 장손충의 말을 끊고 끼어들었다. 크지는 않지만 쇠와 쇠가 맞부딪히는 기이한 목소리라 모두의 귀를 기울이게 만드는 특이한 음성이었다.

장손충은 깜짝 놀라 뒤를 돌아보았다. 그곳에는 일반 백성이 입는 소박한 면포에 고슴도치처럼 삐죽삐죽한 흰 수염을 기른 노인 한 명이 서 있었다. 하지만 그는 평범한 노인이 아니었다. 그의 손에는 자신의 키만큼이나 기다란 칼이 들려 있었다.

"이적 장군! 국경을 지켜야 할 장군이 어떻게 여길?!"

그의 입에서 탄성 같은 신음이 새어 나왔다. 노인은 당의 병권을 한 손에 틀어쥔 이적 장군이었다.

"며칠 전 저 꼬마 아가씨의 편지를 받았지. 네가 뭔가를 꾸미는 것 같다더군. 믿지 않았지. 네 아비와 난 당 황실에 충성하자고 맹약을 나눈 친구이고, 넌 내 아들과도 같으니까. 하지만 혹시나 하는 마음은 들더구나. 네가 야심가임은 진즉에 알고 있었으니까. 하지만 설마 정말로 반역을 일으킬 줄은 몰랐다. 결국 저 아이의 말이 맞았어. 충신은 사라지고 배반자에 살인자만 남았구나."

이적은 배신감 가득한 눈으로 장손충을 쏘아보며 탄식했다.

"네 아비 장손무기는 어디 있느냐?"

"흥! 아버님은 이미 황궁으로 향하셨다. 이치만 죽으면 내일부터는 당신도 장손가(家)를 주인으로 섬겨야 할 것이다. 쳐라!"

"와아아아!"

장손충의 외침에 수백 명에 달하는 그의 병사들이 함성을 외치며 이적과 이치, 그리고 일행에게 일제히 달려들었다.

"쯧쯧, 야욕에 눈이 어두워 총명함도 사라졌구나. 내가 당의 백만 대군을 호령하는 대장군임을 잊다니!"

이적이 기다란 칼을 스릉, 뽑아들었다.

피잉!

동시에 바람을 가르는 소리와 함께 화살 수백 대가 하늘을 뒤덮었다. 높은 포물선을 그리던 화살들은 장손충의 병사들과 일행 사이에 마치 비처럼 내리꽂혔다. 그와 동시에 민가 지붕과 골목 여기저기에서 속속 갑옷을 입은 병사들이 모습을 드러냈다. 이적 장군의 입에서 벼락같은 고함이 터져 나왔다.

"반역자를 처벌하고 황제폐하를 구하라!"

"모두 죽여라! 살아남는 자는 창업의 공신이 될 것이다! 싸워라!"

뒤엉켜 서로의 칼에 찔리고 베여 피투성이가 되어 쓰러지는 두 진영의 병사들이 내지르는 비명으로 주변은 순식간에 아수라장으로 바뀌었다.

"살려 줘!"

제단 아래 묶여 있던 노승들도 안전하지 않았다. 여러 날 묶여 있어 힘이 빠진 노승들은 사방에서 폭풍처럼 휘몰아치는 칼날 아래 단말마를 지르며 하나둘 속절없이 스러져갔다.

"제단 아래로 가자!"

일행도 안전하지 않았다. 한별이 죽봉을 휘둘러 날아드는 칼날을 막고는 있었지만 가끔씩 죽봉을 통과하는 칼날에 미랑과 지아의 옷깃이 찢어지고 팔에 상처가 났다.

그보다 더 심한 것은 이치였다. 이적 장군의 병사들이 필사적으로 지키고는 있었지만 장손충 병사들의 공격 역시 그에게 집중되어 조금이라도 빈틈이 생긴다면 순식간에 목숨을 잃을 것만 같았다.

"그만둬요!"

미랑이 다시 한 번 소리 높여 외쳤지만 그런 미약한 외침이 병사들의 귀에 들릴 리가 없었다. 칼날과 칼날이 부딪히는 요란한 소음에 묻히고 말았다.

"아아! 법사님, 폐하……. 도와주세요."

미랑이 절망적인 몸짓으로 하늘을 올려다보며 소리쳤다.

쾅르르릉!

바로 그때였다. 천지를 찢어발길 듯한 뇌성을 동반한 엄청난 번개가 내리쳤다. 새까만 먹구름으로 뒤덮여 어두운 사위에 빛의 폭탄이 터진 듯했다.

지아와 미랑을 비롯한 장안 모든 사람들은 엄청난 천둥과 번개소리 앞에 귀를 감싸 쥐고는 그 자리에 주저앉아 버렸다. 동시에 눈이 멀어 버릴 정도의 번갯빛에 두 눈도 꼭 감아 버렸다. 순식간에 숨소리 하나 들리지 않는 정적이 장안성 안에 내려앉았다.

툭!

그 숨 막히는 적막을 깬 것은 병사들의 함성도, 미랑의 비명도 아닌 마른 대지에 떨어진 작은 빗방울 소리였다.

지아는 그 작은 소리에 슬며시 눈을 뜨고 고개를 들었다. 이마 위에 시원하고도 청명한 빗방울이 떨어졌다. 지아의 입에서 자신도 모르게 작은 소리가 흘러나왔다.

"비가 내려……!"

지아의 중얼거림에 사람들은 그제야 정신을 차렸는지 하나둘 몸을 일으켜 하늘을 올려다보았다. 그러자 기다렸다는 듯 시원한 빗줄기가 일시에 퍼붓기 시작했다.

쏴아아아!

오랜 갈증을 한 순간에 채우려는 듯 세차게 내리붓는 빗줄기에 대지는 순식간에 젖어들었다.

"와아아! 비다! 정말 비가 와!"

병사들은 조금 전까지 칼을 맞대고 치열하게 싸우던 것도 잊은 채 서로의 어깨를 얼싸안고 함성을 질렀다. 바깥의 살벌한 분위기에 문을 걸어 잠그고 숨죽이던 백성 역시 병사들의 함성과 지붕을 때리는 빗소

리를 들었는지 거리로 쏟아져 나왔다.

"와아아! 드디어 비가 내린다!"

"현장법사님이 비를 부르셨어! 현장법사님 만세!"

"태종폐하께서 아드님에게 비를 주신 거야! 황제폐하 만세! 만세!"

순식간에 쏟아져 나온 백성은 거리를 가득 메운 채 한목소리로 현장법사와 황제의 은덕을 칭송했다. 수십만의 외침은 장안 전체를 뒤흔들었다.

"이, 이런! 말도 안 되는……."

장손충만이 절망적인 몸짓으로 어깨를 늘어뜨릴 뿐이었다. 그런 장손충을 향해 사나운 눈빛의 이적 장군이 다가오고 있었다.

미랑은 지아의 손을 꼭 잡고 기뻐 날뛰는 백성과 병사들을 헤치며 제단으로 달려갔다. 둘은 한 걸음에 제단 꼭대기까지 뛰어 올라갔다.

그곳에는 쏟아지는 빗물을 그대로 맞으며 여전히 등을 꼿꼿이 세운 채 가부좌를 틀고 앉은 현장법사가 있었다. 아직도 긴 기도가 끝나지 않았는지 그의 두 눈은 지그시 감겨 있었다.

미랑은 기쁨에 겨운 목소리로 현장법사의 옆에 털썩 주저앉았다.

"법사님! 비가 와요! 이제 그만하셔도 돼요."

미랑은 현장의 낡은 가사자락을 가볍게 당겼다. 하지만 현장법사는 마치 듣지 못하는 사람마냥 미동도 하지 않았다.

"버, 법사님? 장난치지 마시고 눈 좀 뜨세요. 무서워요."

문득 불안한 느낌이 든 미랑이 조심스레 현장법사의 손을 잡았다. 그의 늙고 주름진 손은 이미 뻣뻣한 나무 조각처럼 굳어져 있었다. 그리고 얼음마냥 싸늘했다. 미랑의 입에서 비명이 터져 나왔다.
"꺄악! 안 돼! 법사님! 법사니이임!"
미랑의 몇 걸음 뒤에 서 있던 지아는 미랑의 비명을 듣는 순간 현장법사가 입적했다는 사실을 깨달았다. 순식간에 온몸에서 힘이 빠졌다. 결국 지아는 현장법사의 시신을 몇 발짝 남긴 그 자리에 주저앉고 말았다. 눈시울이 뜨거워졌다. 얼굴을 타고 흐르는 빗물에 섞여 눈물 한 방울이 흘러내렸다.
주저앉은 지아의 곁으로 누군가의 인기척이 느껴졌다. 한별이었다. 병사들의 칼을 막아내느라 여기저기 칼집이 나고 동강나 이젠 단봉이라고 불러야 할 정도로 짧아진 죽봉이 그의 손에서 미끄러져 떨어졌다.
"끄으으, 법사님."
잔뜩 억눌린 울음소리가 한별의 꽉 다문 입술 사이로 새어 나왔다.
"다 끝난 건가! 그토록 오랫동안 기다리고 기다렸는데 이렇게 허무하게?"
이때 또 다른 누군가의 목소리가 들렸다. 돌아보니 어느새 제단 위로 올라온 장손충이었다. 여전히 그의 손에 들려 있는 칼에서는 누구의 피인지 모를 붉은 핏물이 빗물과 함께 떨어져 내렸다. 그는 넋이 빠진 듯한 얼굴로 입적한 현장법사와 비가 내리쏟는 하늘을 번갈아보며 묻고 있었다. 하지만 누구의 대답을 바라는 그런 질문이 아니었다. 원망, 혹은 체념 비슷한 한숨 같은 것이었다.
하지만 다음 순간, 그의 눈이 원독으로 번뜩였다.
"모든 걸 망친 사람이 바로 현장법사 당신이야! 죽여 버리겠어!"
"소용없어요. 법사님은 이미 입적하셨단 말이에요! 보면 모르겠어요?"

장손충이 칼을 치켜들자 미랑이 현장법사의 시신을 막아서며 성난 목소리로 외쳤다. 하지만 그는 이미 현장법사를 향해 몸을 날리고 있었다.

"상관없다! 시체라도 갈기갈기 찢어 버리겠다! 비켜!"

"그만둬!"

한별이 떨어진 죽봉을 집어 들고 맞섰지만 장손충의 상대가 되지 않았다.

"끄아악!"

한 칼에 죽봉과 함께 한별의 어깨를 베어 버린 장손충의 칼날이 빗방울을 갈랐다. 목표는 미랑과 그 뒤에 있는 현장법사였다. 칼날의 기세는 단번에 둘을 동강낼 정도로 강력했다.

"안 돼!"

지아는 비명을 지르며 장손충에게 달려들었다. 그리고 있는 힘껏 그의 옆구리에 온몸을 던졌다. 어디서 그런 용기가 났는지 자신도 몰랐다.

"허억!"

전혀 예상하지 못한 방향에서 일격을 당한 장손충은 균형을 잃고 비틀거렸다. 그런 장손충의 몸에 한별이 한 번 더 몸을 날렸다.

"으억!"

이미 균형을 잃은 장손충이 제단 끝으로 내몰렸다.

"이거나 먹어!"

간신히 발끝으로 선 장손충의 얼굴로 한별이 힘껏 던진 토막 난 죽봉이 날아들었다.

퍼억!

"으아악!"

제단 끝에 간신히 발을 걸치고 있던 장손충이 얼굴을 감싸며 뒤로 넘어갔다. 아래는 까마득한 바닥, 그의 죽음은 정해진 것으로 보였다.

턱!

그 순간 미랑이 다급히 손을 내뻗었다. 아슬아슬하게 손끝에 장손충의 옷깃이 걸렸다. 하지만 자신보다 한참이나 크고 무거운 장손충 때문에 오히려 그녀마저 제단 아래로 떨어질 것 같았다. 한별과 지아는 화들짝 놀라 서둘러 미랑의 허리를 안고 뒤로 당겼다.

"끄으! 미랑, 놔. 그 인간 구하려다가 너까지 죽겠어."

시뻘게진 얼굴로 한별이 말했다. 빗물 때문에 자꾸만 손이 미끄러졌기 때문이었다. 온몸에 힘을 주느라 조금 전 베인 어깨에서 피가 흘러 시야까지 가물가물해지고 있었다.

"빨랑, 놔. 나 한계 같아……."

"놔! 놓으란 말이다! 치욕적으로 죽을 바에야 지금 죽겠다."

장손충도 자신의 옷깃을 잡은 미랑에게 으르렁거렸다. 어차피 그는 반역자, 그의 앞에 놓인 것은 죽음뿐이었다.

하지만 미랑은 고집스레 고개를 저었다.

"안 돼! 더 이상은 누구도 내 눈앞에서 죽게 하지 않겠다고…… 맹세했단 말이야."

눈빛은 결연했지만 미랑의 손가락은 서서히 풀리고 있었다. 아직은 어린 미랑이 다 큰 남자를, 그것도 옷깃만으로 잡고 있기란 불가능했다. 미랑의 눈에서 눈물이 뚝뚝 떨어졌다.

"죽지 않아요. 이치에게 부탁할게요. 당신도, 당신 아버지도 죽지 않도록 할게요. 그러니 날 믿고 제발 내 손을 잡아요. 제발! 제발……."

아버지라는 말에 장손충의 눈빛이 흔들렸다. 그는 잠시 고민하다가 처연히 웃었다.

"하하하! 멍청한 궁녀 하나가 끝까지 날 귀찮게 하는구나."

장손충은 손을 들어 미랑의 팔목을 단단히 잡았다. 미랑이 그의 옷깃을 놓치기 직전이었다. 끌어올려진 그를 기다리고 있는 것은 이치와 성난 병사들이었다.

"장손무기는 이미 체포되어 의금부로 끌려갔어. 이적 장군의 부하들이 이미 기다리고 있었다더군."

쏴아아!

빗줄기는 여전히 거셌다.

8장_ 다시 거울 속으로!

  장손충의 검에 찔려 중상을 입기는 했지만 이적 장군은 다행히 의식을 차렸다. 백전노장답게 간단한 치료만을 끝낸 그는 장안 여기저기를 확보하며 장손무기와 장손충 부자가 일으킨 반란 사건의 뒷수습을 했다.
  장손가의 일파가 이적 장군에 의해 일망타진되고 반란 사건이 일단락되자 이치는 장손무기와 장손충에게 유배를 명하고, 아내이자 장손무기의 수양딸인 황후도 폐황후 시킨 후 멀리 운남 땅으로 유배를 보냈다. 한 순간 반역이라는 잘못된 판단을 내렸지만 선황을 도와 나라를 세운 공적과 미랑의 간곡한 부탁의 결과였다.
  그런 후에 이치는 끝까지 자신을 믿고 도와준 미랑과 정식으로 결혼하여 그녀를 황후에 봉할 것을 천명(闡明)했다. 그러자 반란 사건 때는

185

행여 자신들에게 피해가 있을까 꼬리를 말고 집 안에 틀어박혀 있던 조정 대신들이 우르르 몰려왔다.

"말도 안 됩니다. 그녀는 선황의 후궁, 패륜입니다."

"근본이 천한 무미랑은 국모의 자격이 없습니다."

한목소리로 미랑을 반대하던 중신들은 자신의 딸이나 손녀, 조카딸이 출신이 고매하다, 외모가 아름답고 정숙하다, 학식이 높다 하며 황후 후보로 추천했다. 어떻게 해서라도 이번 기회에 황후 자리를 꿰차 보려는 속내가 훤히 들여다보였다.

"흥! 선황께서 미랑을 여인으로서가 아니라 딸처럼 아끼셨다는 건 그대들도 다 아는 사실, 이제 와서 패륜 운운하는 저의가 무엇이오? 게다가 미랑은 선황에게 직언을 아끼지 않았고 또 현 황제폐하를 위해 몇 번씩이나 목숨을 내던졌소. 그러는 동안 당신들은 도대체 어디서 무엇을 하셨소?"

뜻밖에도 이치와 미랑에게 전폭적인 지지를 보낸 사람은 이적 장군이었다. 상체를 싸맨 붕대 밖까지 핏물이 배져 나왔지만 그의 호통소리는 드넓은 조양전 안을 쩌렁쩌렁 울릴 정도였다. 미랑이 황제를 위해 목숨을 걸었다는 사실에 감동받은 그는 미랑을 전우로 여기고 있었다.

"우리는 당의 개국공신이오. 반란 하나 제압했다고 너무 기고만장한 것 아니오?"

중신들은 노골적으로 불쾌한 표정을 지으며 이적을 노려보았다. 하지만 이적은 눈 하나 깜빡하지 않고 이치에게 말했다.

"폐하. 평범한 백성도 자신의 부인을 고를 때 온 집안 식구들의 허락을 받지는 않사옵니다. 하물며 폐하께서는 천하의 주인 아니십니까?

뜻대로 하시옵소서. 만일…….”

천둥처럼 고함을 친 이적은 커다란 주먹을 꽉 쥐고는 단단한 대리석 바닥을 힘껏 내리쳤다. 쾅, 하며 요란한 소리가 대전 안을 울렸다.

"만일 이 일로 차후에 왈가왈부하는 사람이 나오면 소신이 참지 않을 것입니다.”

이적 장군의 협박에 대신들의 어깨가 흠칫 굳어지자 이치는 터져 나오려는 웃음을 간신히 참았다.

드디어 결혼식 당일, 수백 명에 달하는 문무백관과 수천의 병사들이 줄지어 도열한 드넓은 황궁의 앞마당을 지나는 미랑은 심장이 튀어나올 정도로 떨고 있었다. 게다가 난생처음 입어 보는 치렁치렁한 황금빛 당의와 온몸에 휘감은 보석들의 무게 때문에 거의 실신할 지경이었다. 머리 위에는 황금 장식을 주렁주렁 매단 묵직한 머리장식까지 얹어져 있어 제대로 목을 가누지도 못했다. 신발도 평소에 신던 편한 가죽신이 아니라 딱딱한 금사를 일일이 엮어 불로 모양을 낸 황금 신발이었다. 당연히 혼자서는 한 발짝도 제대로 뗄 수 없었다. 양옆에서 부축해 주는 지아와 한별이 없었더라면 단단한 돌바닥에 엎어질 정도였다.

"천지신명에게 배례…

조상들에게 삼배…

하늘에 재배….”

의식은 끔찍할 만큼 길었다. 하늘과 땅, 조상, 해와 달 등 절하지 않는 대상이 없었다. 가까스로 결혼식이 끝나자 이번에는 전국 각지에서 모여든 고승들과 현자들의 지루한 연설이 기다리고 있었다.

'으으~ 죽을 것 같아.'

미랑이 서서히 정신을 잃어갈 무렵 마침내 모든 행사가 끝났다. 방으로 돌아온 미랑은 신발부터 벗어던졌다. 그리고는 온몸에 걸린 보석들을 잽싸게 내던지고 무거운 가발을 벗으며 이를 갈았다.

"으으! 정말 끔찍했어. 평생 다시는 가발이나 보석 같은 거 안 할래."

지아는 그런 미랑을 보며 피식 웃었다. 자신이 보기에도 당의 예복은 확실히 과한 부분이 있었다. 미랑이 벗어던진 옷과 보석의 무게만 하더라도 족히 자신의 몸무게만큼은 나갈 것 같았다.

결혼식 다음날부터 미랑은 자신이 말한 대로 최대한 간편한 복장을 하고 이치와 함께 대전에 나가 상소를 읽고 국무를 보았다. 이치 역시 사치스러운 것을 좋아하지 않아 두 부부는 황금색 옷과 진주알이 매달린 면류관을 쓴 것을 빼면 보통 사람들의 복장과 별반 다르지 않았다. 둘은 머리를 맞대고 한 왕조부터 이어지던 과거제도를 되살리고 수로를 정비하는 등 밀린 국사에 매진했다.

황제와 황후가 수수하고 검소한 옷차림으로 모범을 보이자 관리들과 그 부인들 역시 사치를 줄이고 검소한 생활을 하게 되었다. 관리들이 청렴해지자 그에 따라 조금씩 생활이 나아진 백성은 입을 모아 새 황제와 황후를 칭송하게 되었다.

"다 왔어. 조금만 더 가면 돼."

"도대체 어딜 가는데? 나 이런 거 딱 질색이란 말이야."

"오오! 난 좋아. 흥미진진하잖아."

눈을 가린 채 어디론가 끌고 가는 미랑에게 지아는 노골적으로 싫은 소

리를 했다. 하지만 함께 끌려가는 한별은 싱글벙글하며 졸졸 따라왔다.

"다 왔어. 자자, 이쪽으로. 짜잔!"

한참이나 둘을 어디론가 끌고 온 미랑은 드디어 눈을 가렸던 천을 풀어 주었다.

"이건!!!"

갑자기 들이닥친 밝은 빛에 잠시 눈을 깜빡이던 지아는 눈앞에 놓인 물건을 발견하고는 놀라 말을 잇지 못했다. 한별도 입을 떡 벌린 채 붕어처럼 입만 벙긋거릴 뿐이었다.

"어어! 이건, 하지만 이건 깨졌잖아? 이걸 어디서?"

"장손무기의 집 지하실에서 발견했어. 전각이 무너지기 전에 자기 집으로 옮겨놨던 모양이야."

미랑은 히죽 웃으며 말을 이었다.

"천단제를 지내는 신성한 거울이라며 도사들이 손도 못 대게 하더라고. 하지만 내가 누구냐. 후후, 황후라는 지위를 좀 써서 잠깐 빌려왔지."

"우와, 이건 정말이지······. 고마워."

한별도 떨리는 음성으로 말하며 손으로 거울을 더듬어 보다가 문득 지아를 보며 물었다.

"거울을 찾긴 찾았는데 근데 우리 어떻게 돌아가냐?"

지아는 어깨를 으쓱했다. 모르긴 지아도 마찬가지였다.

고민하던 사이 어느덧 계절이 바뀌어 하얀 눈이 하나둘 떨어지기 시작했다.

원년(元年)이 가까워지자 대전 안은 소란스러워졌다. 원인은 다름 아닌 조정 대신들이었다.

"장손무기의 반란도 완전히 진압하였고, 나라 또한 안정을 되찾았으니 조상님들에게 제를 올리는 것이 마땅한 줄로 아뢰옵니다."

"그렇사옵니다. 〈예기(禮記)〉에도 이르길, 자고로 위기가 끝난 후에는 태산의 제단에 올라 선대 황제들에게 안녕과 복을 빌라하였습니다."

대전에 모인 중신들은 거의 매일같이 우르르 몰려들어 협박 아닌 협박을 해댔다. 결국 이치와 미랑은 고개를 끄덕일 수밖에 없었다.

태산제 행렬은 실로 엄청났다. 선두에는 부정한 것들을 쫓기 위한 형형색색의 깃발을 든 천여 명의 기수들이 서고, 그 뒤를 수백 명의 궁중 악사들이 요란한 북소리와 나팔소리를 울리며 뒤따랐다. 그리고 또다시 천여 명의 환관들과 궁녀, 의원들, 그리고 그를 호위하는 경비병들이 뒤를 이었다. 그리고 나서야 비로소 어림군이 호위하는 황제와 황후의 화려하고 거대한 어가가 보이기 시작했다.

그것이 끝이 아니었다. 그 뒤로 황실의 다른 종친들과 대신들과 그들의 가족들, 각각의 사병들과 하인 수천여 명, 그리고 그 많은 인원이 태산까지 가는 동안 먹을 쌀과 고기 등을 실은 천여 대의 우마차, 그것을 호위하기 위해 무장한 병사들까지 그 수만 무려 수만에 이르렀다.

게다가 그 뒤로는 태산제를 구경하기 위해 바리바리 등짐을 진 수천의 장안 백성이 따르고 있었는데 지나는 곳마다 그 인원이 늘어 태산 앞에 이르러서는 그 수만 십만이 가까웠다.

"당연히 너희도 가야지. 어쩌면 거울이 다시 열릴지도 모르잖아. 아님 나랑 여기서 평생 살 거야? 그럼 나야 좋지만 중신들이 벌써부터 널 시집보내려고 안달이란 걸 잊지 마. 상대는 아마도 신라의 어느 왕

족이던가? 나이가 마흔에 애가 열 명도 넘는데. 아, 맞다. 한별이 너도 궁에서 더 지내려면 정말로 환관이 되어야……."

"윽! 그것만은 절대 싫어!"

미랑의 반 협박과 강요에 못 이긴 지아와 한별도 동행했다.

"엄청나다."

미랑의 가마에 함께 타고 앞뒤로 끝없이 이어지는 행렬을 바라보던 지아와 한별은 질린 듯 입을 쩍 벌렸다. 중국의 힘이란 이렇듯 그 수를 헤아릴 수 없을 만큼 많은 사람들 하나하나가 아닐까 싶었다.

길고 긴 여정 끝에 행렬은 마침내 태산 아래 도착했다. 원래는 한 달 정도면 올 수 있는 거리였지만 워낙 동행하는 인원이 많은데다가 이치의 건강상태가 좋지 않아 무려 석 달 만에 도착한 것이다.

오는 중간 중간 약을 달여 먹기는 했지만 이치는 태산 아래 도착하자마자 의원들에게 둘러싸였다. 워낙에 허약한 체질인 그에게 추운 겨울 여행은 애초부터 무리인 듯했다.

하지만 황제라는 소명이 있는 이상 태산 등정을 포기할 수는 없었다. 며칠간의 요양과 미랑의 간호를 받은 이치는 환관들이 떠메는 가마를 타고 태산을 오르기 시작했다. 미랑 역시 환관들의 가마에 올랐지만 그 시선은 이치에게서 떨어질 줄을 몰랐다.

"으으, 힘들어."

공식적으로 후궁도 아니고 관리도 아닌 지아는 다른 궁녀들과 함께 눈이 얼어붙은 태산을 걸어서 올라야만 했다.

"업혀."

지아가 몇 번이나 비틀거리자 한별은 등을 내밀었다. 몇 번 거절하던 지아도 못이기는 척 한별의 등에 업혔다. 발이 후들거려 한 발짝도 더 떼기 힘들었기 때문이었다.

한별의 등은 생각보다 훨씬 넓었다. 그리고 따뜻했다.

"무겁지?"

"헉헉! 무겁긴 뭐가 무겁냐? 하나도, 헥헥, 안 무거워."

한별은 숨이 넘어갈 정도로 헥헥거리면서도 고개를 흔들었다.

"거짓말."

지아는 피식 웃었다.

한별의 등에 업혀 정상에 오른 지아는 태산 정상에서 보이는 눈부신 절경에 감탄을 터뜨렸다. 탁 트인 사방으로 천지가 내려다보이는 태산은 이름 그대로 하늘에 가장 가까운 곳이었다.

"헥헥~!"

한별은 그 절경을 볼 여유가 없었다. 지아를 내려놓는 것과 동시에 바닥에 푹 퍼진 것이다.

태산 정상에는 낮고 평평한 돌로 지어진 소박한 제단이 있었고, 그 옆에는 황제와 황후를 위한 천막이 세워져 있었다.

제관들은 태산에 오르자마자 낑낑거리며 들고 온 거울을 제단 한가운데 세우고 붉은 물감으로 지방을 그린 노란 지전을 태우는 등 분주히 제를 올릴 준비를 했다. 거울은 여전히 변화가 없었다.

"미랑, 어서 나와. 이제 곧 제가 시작될 것 같아."

제관들이 준비를 마치고 낮게 축원문을 읊기 시작하자 천막 안으로 슬쩍 고개를 들이밀던 지아는 깜짝 놀라고 말았다. 미랑의 부축을 받

193

는 이치의 안색이 하얗다 못해 파랗게 질려 있었기 때문이었다.

"괜찮으세요?"

깜짝 놀라 묻는 지아에게 이치는 힘겹게 고개를 끄덕였다.

"괘, 괜찮아. 제를 지내는 동안은 버틸 수 있어."

하지만 대답과는 다르게 제단 쪽으로 다가가는 한 걸음, 한 걸음마다 이치의 몸은 금방이라도 부서질 듯 위태로워 보였다. 제를 참관하기 위해 모인 모든 사람들이 근심어린 눈동자로 바라보았다.

"쿨럭!"

결국 모두의 우려가 현실로 나타났다. 가까스로 제단 아래 다가간 이치였지만 결국 낮은 제단의 계단을 오르지 못하고 주저앉고 말았다.

"폐하! 한 걸음만 더 가시면 됩니다."

전통에 따라 황실의 일원만이 올라갈 수 있는 제단이었기에 미랑만이 이치를 부축할 수 있었다. 미랑은 이치를 일으켜 세우려 안간힘을 썼지만 매서운 겨울 삭풍에 이치는 결국 고개를 저을 수밖에 없었다.

"쿨럭쿨럭! 아니, 너만이라도 제단에 올라."

"하지만 전 자격이……."

"네가 아니었으면 난 장손무기의 손에 꼭두각시처럼 휘둘리다가 죽임을 당했을 거야. 그런 사실은 여기 모인 사람들 모두가 알고 있지. 그러니 그런 말은 하지 마. 너라면 아바마마께서도 기꺼워하실 거야."

이치는 자신의 팔을 잡은 미랑의 등을 떠밀었다. 주춤거리던 미랑은 하는 수 없이 제단 한가운데로 홀로 걸어갔다.

"조상들께서 굽어 살펴 주시어 우리의 뜻이 하늘에 닿기를…… 부디 태평성대를 이루게 하여 주시옵소서."

제단 가운데 홀로 무릎을 꿇은 미랑의 입에서 낮고도 청아한 기도문이 흘러나왔다. 때를 같이하여 제단을 빙 둘러싼 제관들 역시 작은 방울을 흔들며 낮은 제문을 읊기 시작했다.

그 순간 낮게 깔린 구름이 일순 물러나며 구름에 가려졌던 태양이 그 찬란한 빛을 뿌렸다. 태양빛이 가장 먼저 닿은 곳은 우연하게도 제단 한가운데였다.

첫 해의 첫 태양이 닿은 거울이 어느 순간 스스로 빛을 발하듯 영롱하게 반짝였다. 거울에서부터 시작된 예쁘고 신비한 빛은 마치 제단 전체를 감싸듯 너울너울 춤을 추었다.

동시에 지아와 한별의 눈이 마주쳤다.

"지금이야. 가자, 지아야!"

지아와 한별은 누가 먼저랄 것도 없이 두 손을 맞잡고 거울을 향해 달리기 시작했다.

"어어! 안 된다! 신성한 제단에 함부로 올라가면 안 돼!"

신기한 광경에 놀란 제관들이 뒤늦게 정신을 차리고는 황급히 둘을 막으려 했다. 하지만 지아와 한별도 필사적이었다. 둘은 순식간에 제관들을 지나쳐 미랑이 있는 제단 꼭대기까지 뛰어갔다. 그리고 빛나는 거울 표면을 만져 보았다. 예상대로 물결처럼 파문이 일며 지아의 손가락이 거울 속으로 잠겨들었다.

"잘 가."

눈부신 빛에 잠시 고개를 돌렸던 미랑은 눈앞에 선 지아와 한별을 발견하고는 밝은 미소를 지었다. 작별의 순간까지 밝은 미랑이었다.

"응. 너도 잘 있어."

지아는 미랑을 만난 후 처음으로 미랑만큼이나 밝은 미소를 보여 주고는 거울 속으로 한 발 걸어 들어갔다.

"어어? 잘 있어! 지아야, 나도 같이 가!"

지아에 이어 한별까지 삼켜 버린 것과 동시에 거울에서는 눈부신 빛이 뿜어져 나왔다. 눈이 멀어 버릴 듯한 섬광에 미랑도, 이치도, 제관들도 급히 고개를 돌려야만 했다.

잠시 정적이 흐르고 빛이 사라지자 사람들의 시선이 다시 제단으로 향했다. 거울은 다시 평범한 모습으로 돌아와 있었다. 그리고 그 거울 앞에는 미랑 혼자만이 있을 뿐, 지아와 한별의 모습은 감쪽같이 사라져 버린 후였다.

"상서롭도다. 하늘의 기운이 지상에 내렸어."

사람들은 눈앞에서 벌어진 신비한 광경에 자신도 모르게 하나둘 무릎을 꿇으며 감탄을 터뜨렸다.

"아자!"

축구공이 골네트를 흔들자 한별은 환호성을 지르며 폴짝 뛰었다. 같은 팀 친구들이 그의 주위로 몰려와 함께 괴성을 질러댔다.

"으윽! 또 강한별이냐? 잘 하는 줄은 알았지만 완전 괴물이잖아? 혼자서만 벌써 3골째라고."

"거의 날아다니잖아? 무슨 소림축구도 아니고……. 쟤 초등학생 맞아?"

반대로 상대편 아이들은 울상을 지었다. 한별은 여전히 축구장을 뛰어다니며 난리였다.

"풋! 바보."

197

운동장 옆에 세워둔 고급 승용차 뒷자리에서 차창을 반쯤 내린 채 그 모습을 보던 지아의 입에서 피식 웃음이 새어 나왔다.
 룸미러로 지아를 살펴보고 있던 경호원이 순간 놀라서 눈을 크게 떴다. 벌써 몇 년간 지아의 운전기사 노릇을 하고 있지만 지아의 미소는 처음 보았던 것이다.
 "뭘 그리 놀라죠? 이제 가요."
 경호원의 시선을 느꼈는지 지아의 표정은 예전과 마찬가지로 새치름하게 변했다.

"예? 아, 예."

경호원은 고개를 끄덕이고는 시동을 걸었다. 동시에 지아도 버튼을 눌러 차창을 다시 닫았다. 짙은 색 유리창이 매끄럽게 올라오자 바깥의 소음이 지운 듯 사라졌다.

"어?"

차 시동소리를 들은 한별이 순간 발을 멈추었다. 고개를 돌린 그의 눈에 멀어져가는 승용차의 뒷모습이 또렷이 보였다. 쉽게 볼 수 없는 고급 승용차였다.

"얌마! 뭘 보고 있어? 공 뺏겼잖아?"

친구들이 어깨를 치고 지나갔지만 한별의 시선은 여전히 차의 뒷모습에 고정되어 있었다. 이윽고 차가 완전히 학교 정문을 빠져나가자 그는 커다란 웃음을 터뜨렸다.

"윽, 강한별! 지금 웃음이 나오냐? 너 때문에 한 골 먹었잖아?"

친구들의 타박에도 한별의 웃음은 멈추지 않았다.

"하하하! 야호!"

다음 여행을 기다려 주세요!

부록

거대한 대륙에 우뚝 선 여인, 측천무후

유구한 세월을 거치는 동안 중국에서는 많은 왕조들이 화려하게 등장했다가 스러지곤 했습니다. 그중 가장 화려하고 번성했던 왕조가 바로 당(唐)나라입니다.

당나라에서 배출한 인물 중 가장 많은 논란과 이야기 거리를 몰고 다니는 인물이 여황제 무측천(624년?~705년), 즉 이 책의 주인공인 측천무후 무미랑입니다.

유학이 가장 융성했던 시기에 미천한 장사꾼의 딸로 태어난 무미랑이 궁녀에서 후궁, 그리고 황후의 시절을 거쳐 마침내 스스로 황제에 오르는 과정은 이루 말할 수 없이 고단했을 것입니다. 하지만 무미랑은 마침내 그 모든 것들을 이겨내고 스스로 왕좌를 차지하게 되지요. 어떻게 그럴 수 있었을까요?

무미랑에 대해 알아보려면 먼저 중국이라는 나라에 대해 살펴보아야겠지요?

꼬리에 꼬리를 무는 역사를 가진 중국

고대부터 현재까지 중국은 우리나라를 비롯한 동양의 많은 나라에 영향을 주었습니다. 또한 인류 최초의 문명 발상지답게 수천 년에 이르는 기간 동안 수많은 왕조가 세워졌다가 사라져 가기도 했지요. 전설로 전해 내려오는 하 왕조부터 선인(仙人)들이 다스렸다는 은나라, 춘추전국시대를 평정하고 최초로 대륙을 통일한 진나라와 한나라를 거쳐 유비와 조조로 유명한 위촉오 삼국시대, 그리고 그 전란의 시대를 끝낸 진나라를 거쳐 마침내 중국 역사의 꽃이라고 할 수 있는 수나라와 당나라에 이르게 되지요. 그 이후로 송, 명, 청을 거쳐 지금의 중국에 이르게 됩니다.

세계에서 3번째로 넓은 국토를 가진 중국의 공식적인 이름은 중화인민공화국(People's Republic of China)으로, 국토의 넓이는 약 9,572,900㎢, 인구는 무려 13억 명입니다.

국토가 넓은 만큼 남쪽으로 베트남, 라오스, 미얀마, 남서쪽으로 인도, 부탄, 네팔, 파키스탄, 북쪽으로 러시아, 몽골, 북한 같은 수없이 많은 나라들과 국경을 맞대고 있습니다. 또한 타이완해협[臺灣海峽]을 사이에 두고 타이완과 마주보고 있는데 중국은 1949년 이래 타이완을 자신의 영토라고 주장하고 있습니다. 수도는 베이징[北京]이고, 정치형태는 공산당의 주석(主席)이 통치하는 일당체제를 유지하고 있습니다.

그 어느 왕조보다 중국 대륙을 오랜 기간 다스렸던 중국의 마지막 왕조 청이 1911년 서양 강국의 압박과 민중봉기로 무너지고 난 후 1912년 쑨원[孫文]에 의해 공화국 정부가 수립되지만 오래지 않아 장제스[蔣介石]가 이끄는 국민당과 마오쩌둥[毛澤東]이 이끄는 공산당으로 갈라져 치열한 전쟁을 벌입니다.

2차 대전이 발발하자 잠시 소원해졌던 공산당과 국민당의 내전은 1945년 일본의 항복과 동시에 다시 격렬해집니다. 치열한 내전은 1949년 국민당의 패배로 끝나게 되고 승리한 마오쩌둥의 공산당은 중화인민공화국의 수립을 만천하에 공포합니다. 그리고 중국은 소련과 함께 완고하고 폐쇄적인 나라가 되고 말지요.

하지만 이런 중국에서도 언제부터인가 변화가 시작됩니다. 소련의 붕괴와 함께 흑묘백묘론(黑猫白猫論-'검은 고양이든 흰 고양이든 쥐만 잘 잡으면 된다'는 뜻으로, 성장을 위해서는 사회주의든 자본주의든 가리지 말고 받아들여야 한다는 의미입니다)을 앞세운 덩샤오핑[鄧小平]이 제창한 경제개혁이 바로 그것입니다. 그 이후 중국 경제는 무서울 정도로 성장해 이제는 그 누구도 부인할 수 없는 경제대국이 되었습니다.

중국 역사의 꽃, 당나라

오랜 중국 역사 가운데 가장 화려했던 시기라 하면 단연코 당나라를 꼽을 수 있습니다. 이 책의 주인공인 무미랑이 여제가 되는 당은 수나라의 마지막 황제였던 양제의 뒤를 이어 중국의 패권을 차지한 고조(高祖) 이연(李淵)이 618년에 세운 나라입니다. 그리고 이연의 뒤를 이은 황제가 바로 중국 역사상 가장 위대한 황제라는 평가를 받는 당태종 이세민(唐太宗 李世民, 599년~649년)입니다.

용맹한 장군이자 현명한 학자, 서예의 대가, 그리고 뛰어난 전략가였던 이세민은 차남임에도 불구하고 이연의 뒤를 이어 황제에 올라 토지와 세제를 개혁하고 과거제도를 부활시켜 고른 인재를 발탁하는 등 오랜 전쟁으로 피폐해진 당의 내실을 다지는 데 주력합니다. 그 결과 그의 이름인 '세민(世民)'이 뜻하는 대로 제세안민(濟世安民), 즉 세상을 구하고 백성이 편한 세상을 만드는 데 성공합니다.

또한 이세민은 뛰어난 용장답게 북으로는 거란, 서쪽으로는 돌궐을 상대로 대승리를 거둬 당의 영토를 비약적으로 넓힙니다. 안으로는 안정되고 밖으로는 뛰어난 군사력을 자랑하는 태평성대를 마침내 이룬 것이지요.

이세민이 다스리던 이 풍요의 시기는 '정관의 치[貞觀之治]'라고 불리며 지금도 많은 정치인들에게 모범이 되고 있습니다.

측천무후 무미랑의 일생

당나라의 변방이었던 병주의 장사꾼 무사확(武士彠)과 몰락한 수나라의 황족 양웅(楊雄)의 딸 사이에서 태어난 무조(武照. 후일 무미랑)는 어머니 양씨가 비록 본처는 아니었지만 부모의 사랑을 받으며 부족할 것 없는 유년기를 보냈습니다. 하지만 이 행복한 기간은 아버지 무사확의 죽음과 함께 먼지처럼 사라지고 맙니다. 바로 무사확의 본처와 그의 가족들의 모진 구박이 시작된 것이죠.

투박한 농촌 아낙이었던 무사확의 본처는 가녀리고 기품 있는 양씨와 그녀를 닮아 예쁘장한 무조를 미워하여 초라하고 더러운 창고에 집어넣고 밖으로 한 발짝도 나오지 못하게 합니다. 결국 거친 잠자리와 부실한 음식 때문에 어머니 양씨는 병을 얻게 되고 맙니다.

무조는 어머니를 구하기 위해 백방으로 노력하지만 어린 소녀인 그녀에게 세상의 벽은 높기만 할 뿐이었습니다. 장손황후를 잃은 당태종의 후궁으로 입궁하라는 황실의 부름은 바로 이런 힘든 시기의 그녀에게 찾아옵니다.

어머니의 곁에 남을 것인가, 입궁할 것인가 한참을 고민한 끝에 무조는 입궁을 선택하게 됩니다. 어떻게든 성공하여 어머니를 잘 보필하겠다는 결심을 한 것이죠.

마침내 입궁한 무조에게 태종은 미랑(媚娘)이라는 이름을 붙여 줍니다. 이후 무조는 무미랑으로 불리게 되죠.

하지만 미랑은 태종의 총애를 받기에는 너무 어린 14세. 그녀는 평범한 궁녀 신분인 채로 태종의 죽음을 지켜보아야 했지요. 그리고 다른 태종의 여인들과 함께 비구니의 삶을 강요당합니다. 그 당시 황제가 죽으면 궁녀들은 절에 들어가 비구니로 살아야 했습니다.

그러던 어느 날 무미랑에게 두 번째 기회가 찾아옵니다. 태종의 뒤를 이어 황제가 된 고종 이치와의 사랑이 바로 그것이지요. 태종의 위령제를 위해 미랑이 머무는 감업사를 찾은 고종은 미랑을 보고는 한눈에 반하게 되어 그녀를 다시 궁으로 불러들입니다.

화려한 궁 안에서의 치열한 전투

황궁에서 그녀를 기다리고 있던 것은 고종뿐이 아니었습니다. 고종의 부인인 황후와 후궁 소숙비 등 많은 여인들 또한 촉각을 곤두세우고 있었습니다. 고종의 총애를 놓고 서로 다투던 두 여인은 미랑을 이용해 반대편의 기세를 꺾어 버리려 들죠.

하지만 양쪽 모두의 예측은 보기 좋게 빗나가고 맙니다. 미랑이 입궁한 순간부터 고종은 온통 그녀에게 마음을 빼앗겨 버리고 말았으니까요.

졸지에 버림받은 두 여인은 이제 서로 손을 잡고 미랑을 견제하기 시작합니다. 고종에게 찾아가 그녀의 험담을 하는가 하면 궁녀들을 시켜 식사에 독을 타기도 하고, 도사들을 불러 저주를 일삼기도 합니다.

하지만 이 모든 것도 사랑 앞에서는 아무 소용이 없었는지 고종은 미랑에게 소의(昭儀)라는 직책을 내립니다. 후궁들 중 가장 높은 지위였지요. 그리고 그 해 미랑은 귀여운 딸을 낳습니다.

하지만 기쁨은 오래가지 못했습니다. 황후의 손에 그만 딸을 잃게 되고 만 것이죠. 대노한 고종은 황후와 소숙비를 폐하고 미랑을 황후로 임명합니다.

이때부터 측천무후라고 불리기 시작한 그녀는 폐황후의 측근이던 장손무기 일파를 완전히 몰아내고 태종의 사후 사라졌던 과거제도를 부활하여 새로운 인재를 기용하는 등 정치적 역량을 꽃피우게 됩니다.

미랑이 권력의 중심으로 떠오를 즈음, 고종의 건강은 급격히 나빠지기 시작합니다. 원래부터 건강하지 못했던 고종의 병이 서서히 겉으로 드러난 것이죠. 이때부터 고종은 정치에 관심을 잃고 모든 일을 황후인 미랑에게 미룬 채 홀로 쓸쓸이 죽음을 준비합니다. 그리고 마침내 55세가 되던 683년 고종 천황대성대홍효황제(高宗 天皇大聖大弘孝皇帝)라는 긴 시호와 함께 건릉(乾陵)에 묻히게 되지요.

평생의 사랑을 잃은 무미랑은 깊은 슬픔에 빠집니다. 하지만 그녀는 이내 어린 아들을 도와 주인 잃은 당을 이끌어야 할 사람이 자신임을 깨닫게 됩니다. 젊지 않은 58세라는 나이에 그녀는 다시 한 번 크게 날갯짓을 합니다.

측천무후, 스스로 여제가 되다

오랜 기간 병약한 고종을 대신해 국사를 돌보던 그녀의 경험은 막 왕위에 오른 어린 아들에게 큰 도움이 됩니다. 하지만 철없는 어린 황제는 그녀의 마음을 전혀 알아주지 않지요. 오히려 간신들의 말만 믿고 그녀를 궁에서 쫓아내려 합니다.

어린 아들의 어리석은 행동에 측천무후는 깊은 고민에 빠집니다. 못이기는 척 아들의 뜻을 따르자니 어렵사리 이룩한 태평성대가 산산이 부서질 것이 머릿속에 훤히 그려졌기 때문이었죠. 길고 긴 고민 끝에 그녀는 어려운 결심을 내립니다. 바로 아들을 폐하고 그녀 스스로 황제가 되기로 결심한 것이지요. 이때 그녀의 나이 65세, 이미 황혼에 접어든 시기였지만 성신황제(聖神皇帝)라고 스스로를 호칭한 그녀는 놀랄 만한 열정으로 황제의 책무를 수행해 나갑니다.

이후 15년 동안 태평성대를 훌륭히 이어가던 그녀는 705년 12월의 어느 날, 폐위시켰던 아들에게 다시 황위를 물려주고 조용히 눈을 감습니다.

측천무후에 대한 엇갈리는 평가들

당태종이 '정관의 치'를 통해 이룬 태평성대를 이어받은 그녀는 어수룩한 황제 고종을 도와 사회적 지위와 관계없이 유능한 사람들을 직접 발탁한 탁월한 통치자였습니다. 당시 당의 지배계층은 대대로 권세를 누리던 귀족들의 전유물이었는데 그녀가 이 틀을 깨뜨린 것이었지요.

측천무후는 또한 황제가 된 이후에는 한 발 더 나아가 일반 백성과 소통할 수 있는 창구를 만들어 억울한 일을 직접 해결해 주기도 했습니다. 실력 있고 야망 있던 사대부들과 일반 백성은 이런 그녀에게 열광했습니다.

이것은 그 당시로서는 커다란 변화였기에 기득권층의 반발도 만만치 않았습니다. 영원하리라 생각했던 권세를 빼앗기게 된 귀족들은 그녀에게 어린 딸의 죽음에 대한 책임을 물으며 무자비한 찬탈자라고 부르는 등 비난을 퍼부었습니다.

하지만 반대세력의 강한 반발에도 불구하고 측천무후는 뜻을 굽히지 않았고, 이후

당의 지배계층은 귀족에서 사대부 문인 관료계층으로 바뀝니다. 물론 그 과정에서 반대파의 처형 등 부작용이 드러나기도 했지만, 그녀의 이런 사회개혁은 당 황실을 안정시켰을 뿐 아니라 오랜 기간 당이 중국을 통치하는 데 큰 기여를 했습니다. 서로 엇갈리는 평가를 내리는 역사가들 역시 그녀의 시대가 중국 문화사상 가장 많은 결실을 이룩한 시대라는 것은 부인하지 못한답니다.

측천무후의 리더십

이후 중국 역사에는 당을 기울게 한 미인 양귀비나 신생왕조인 청을 안정시킨 효장태후, 서양 열강에 대항한 서태후 등 많은 여인들이 등장하지만 모두 황제의 한 발짝 뒤에서 황후의 지위에 만족할 뿐이었습니다. 오직 무미랑만이 가부장적 유교사상이 팽배하던 중국 대륙에서 스스로 황제가 되겠다고 주장한 최초이자 유일한 여성입니다.

이런 대담한 발상은 그녀의 긍정적이고 도전적인 정신에서 나왔습니다. 어린 나이에 직접 자신의 눈으로 목격한 당 왕조의 창업은 그녀로 하여금 유연하고 개방적인 사고를 가지게 했고, 그 결과 그녀는 스스로 황제가 될 수도 있다는 믿음을 가지게 되었지요.

이런 밝은 성격의 무미랑이 이끄는 당은 어떠했을까요? 당연히 밝고 활기찼을 것 같지요?

우리들도 마찬가지랍니다. 머릿속을 가득 메우고 있는 고민이 있다면 잠시 뒤로 미뤄두고 큰 소리로 웃어 보세요. 그런 후에 다시 한 번 고민거리와 마주 대하세요. 그러면 조금 전까지 커다랗게만 느껴지던 고민거리가 어느새 조그맣게 줄어들어 있을 거예요. 이렇듯 밝은 웃음과 긍정적인 사고는 무엇보다 강력한 마법이랍니다.